W0404622

JE PARS !

À Anne et Sheelagh, mes remerciements pour notre route commune.

Je pars !
se prolonge sur le site www.arenes.fr

Titre original : *Ich bin dann mal weg*
Meine Reise auf dem Jakobsweg

Éditions des Arènes
3, rue Rollin, 75005 Paris
Tél. : 01 42 17 47 80 – Fax : 01 43 31 77 97
arenes@arenes.fr

Hans-Peter Kerkeling

JE PARS !

Tribulations métaphysiques sur le chemin de Compostelle

Traduit de l'allemand
par Antoine Robin

les arènes

Le chemin de Compostelle
pose une seule question
à chacun d'entre nous :
qui es-tu ?

À ma grand-mère Bertha et…

9 juin – Saint-Jean-Pied-de-Port

« Un jour, j'ai pris la route de Compostelle. »

Je n'ai pas dit grand-chose de plus à mes amis. Juste que j'allais faire un tour en Espagne. Lapidaire, mon amie Isabelle m'a dit : « Cette fois, tu es vraiment cinglé ! »

Pourquoi diable ai-je entrepris ce pèlerinage ?

Ma grand-mère Bertha disait de moi : « Si on ne le surveille pas, notre petit Hans-Peter va finir par prendre la poudre d'escampette, un jour. » J'imagine que c'est pour me retenir qu'elle préparait ses bons petits plats.

Mais au lieu d'être tranquillement chez moi, allongé sur mon bon vieux canapé, avec une tasse de chocolat fumant et une grosse part de gâteau, je suis attablé à la terrasse d'un café anonyme de Saint-Jean-Pied-de-Port, parfaitement frigorifié. Saint-Jean-Pied-de-Port est une minuscule cité médiévale au pied des Pyrénées françaises : la carte postale idyllique, mais sans le soleil.

J'ai encore un peu de mal à me détacher du monde civilisé. C'est pourquoi j'ai choisi un bistrot dans la rue principale pour ce premier petit déjeuner. Je regarde aller et venir les voitures, tout seul, dans cette petite ville dont je n'avais jamais entendu parler auparavant. Sur la petite table branlante du bistrot, j'ai posé mon carnet de voyage, presque aussi vide que mon estomac. Jusqu'à présent, je n'avais jamais éprouvé le besoin d'écrire un journal. Mais ce matin, l'envie m'a saisi de noter dans ce calepin orange chaque détail de l'aventure qui commence.

Mon chemin commence à Saint-Jean-Pied-de-Port

C'est ici que débute mon pèlerinage pour Saint-Jacques-de-Compostelle. J'ai décidé d'emprunter le *Camino frances*, l'une des routes culturelles d'Europe, par-delà les Pyrénées à travers le Pays basque, la Navarre, La Rioja, la Castille, le León et la Galice. Huit cents kilomètres jusqu'au parvis de la cathédrale, où la légende situe le tombeau du grand missionnaire des peuples de la péninsule Ibérique : l'apôtre Jacques.

Rien que de penser à cette longue marche, j'ai envie de me reposer pendant deux semaines.

Ce qui compte, c'est que je vais marcher ! Sur tout le trajet. D'ailleurs, je marche déjà. J'ai besoin de me relire encore une fois pour y croire. Je ne suis pas tout seul. Mon sac à dos, rouge pétard, et ses onze kilos m'accompagnent. Si jamais je tombe raide mort sur la route – ce qui est possible, sinon probable – on pourra au moins me repérer depuis un avion.

Chez moi, je ne prends même pas l'escalier alors que j'habite au premier étage. À partir de demain, il faudra que je fasse chaque jour entre vingt et trente kilomètres pour arriver au but dans tout juste trente-cinq jours. Le sport, je l'ai toujours regardé à la télévision !

Qu'aucun de mes amis ne sache vraiment pourquoi je suis ici c'est une bonne chose. Ce sera ainsi plus facile de leur dire – dès demain après-midi, je suppose – que je laisse tomber pour des raisons purement physiques.

Ce matin, j'ai jeté un regard prudent sur le point de départ officiel du chemin de Saint-Jacques derrière les tourelles et les murailles de Saint-Jean, la porte d'entrée des Pyrénées espagnoles – de l'autre côté de la ville. Un chemin pavé qui monte assez fort : c'est la première étape du *Camino frances* qui commence.

Un type d'environ soixante-dix ans, très handicapé pour marcher, attaque justement avec conviction le marathon des pèlerins. Je le fixe bien cinq minutes, incrédule, jusqu'à ce qu'il ait complètement disparu dans le brouillard matinal. Au fond de moi, je suis persuadé qu'il y arrivera !

Les Pyrénées sont d'assez hautes montagnes qui me font penser à l'Allgäu. Dans mon guide de voyage, mince comme du papier à cigarettes, que j'emporte sur les sommets enneigés, on dit que les hommes marchent jusqu'au tombeau de saint Jacques depuis des siècles. Parce que, au sens propre comme au figuré, ils n'avaient pas d'autre route à prendre.

En ce qui me concerne, le temps semble venu d'effectuer un grand bilan : je viens de subir une perte d'audition et une ablation de la vésicule biliaire, deux maladies qui vont bien avec mon métier de comique.

Pendant des mois, je n'ai pas écouté la voix intérieure qui me hurlait : « Arrête ! » Et j'ai continué à travailler comme un bon petit soldat bien discipliné. Le corps s'est vengé. L'expérience est angoissante. La frustration et la rage d'avoir manqué de bon sens m'ont cuit et recuit la bile : c'est ainsi qu'on se retrouve un jour aux urgences avec tous les symptômes de l'infarctus.

Rien que d'y penser, j'en suis encore énervé ! J'ai fini par écouter ma voix intérieure et j'ai décidé de m'aménager une pause. Pour une fois, j'ai repoussé tous mes contrats et me suis offert quelques mois sabbatiques pendant l'été.

Je me revois au rayon tourisme d'une grande librairie de Düsseldorf fouillant dans le rayon « Évasion » à la recherche d'une destination accrocheuse. Le premier livre qui m'est tombé sous le nez s'intitulait : *Compostelle, le chemin de la Joie.*

Quel culot ! Je veux bien que le chocolat euphorise, ou dans certains cas le whisky, mais je doute qu'un chemin puisse donner de la joie ! Je me saisis pourtant de l'arrogant bouquin, je l'achète et le dévore en une nuit. Le chemin de Saint-Jacques-de-Compostelle appartient aux trois grands pèlerinages de la Chrétienté, avec la via Francigena de Canterbury à Rome et le pèlerinage de Jérusalem.

Selon la légende, à l'époque celte, cette route passait déjà pour être un chemin initiatique païen. Les artères vitales de la terre et les canaux d'énergie, les fameuses lignes de Lay, s'étirent en parallèle, dit-on, avec la Voie lactée, jusqu'à Saint-Jacques-de-Compostelle (littéralement : le champ des étoiles). Elles continuent même plus loin, jusqu'à Finisterre (le bout de la terre) sur la côte atlantique espagnole, la frontière antique du monde connu. Jusqu'alors, je voulais bien croire que notre planète était – d'une façon ou d'une autre – parallèle à la Voie lactée, mais je n'avais pas cherché plus loin. Il n'est jamais trop tard pour apprendre.

L'Église catholique pardonne généreusement tous les péchés de celui qui « pèlerine » vers Compostelle. Mais ce n'est pas pour cela que je suis parti. Ce qui m'attire, c'est que ce pèlerinage puisse me permettre de trouver Dieu – et de me trouver, moi, par la même occasion. Ça vaut la peine d'essayer ! Les jours suivants, je suis comme envoûté : je prépare mon itinéraire, mon sac à dos, mon sac de couchage, mon Isomat, mon passeport de pèlerin et je réserve finalement un vol pour Bordeaux. Je m'entends dire à haute voix : « Tu n'es pas un peu fêlé ? »

J'atterris à Bordeaux, toujours aussi laide et grise que lors de mon dernier bref séjour, il y a vingt ans. J'en avais seize, alors.

Je descends à l'hôtel Atlantic, un bâtiment imposant, d'un style classique recherché, en face de la gare. Avant de passer les six prochaines semaines dans des dortoirs miteux avec des Américains qui ronflent, des Français qui râlent et sans installations sanitaires convenables, je tiens à prendre du bon temps – une dernière fois !

Le bon temps n'est pas au rendez-vous, cependant. Je crois que j'aurais été mieux installé dans un foyer pour sans-abri. Avec un sourire obséquieux, on m'attribue une piaule à un prix défiant toute concurrence, froide, sans fenêtre, éclairée par un néon qui grésille. Heureusement que ma vésicule n'est plus là pour se plaindre ! Si Bordeaux s'était montré sous un meilleur jour, je n'aurais peut-être jamais pris la route. Depuis mon premier séjour ici, vingt ans ont donc passé. Suis-je donc devenu si grincheux entre-temps ? Non, ça me rassure de croire que c'est uniquement la faute de Bordeaux. Il n'y a vraiment rien qui me retienne dans cette chambre : même les bouteilles du minibar ont été sifflées par un précédent occupant, plus avisé.

Je décide de sortir, direction la gare. Arrivé dans l'immense salle de la billetterie, je demande en bon français scolaire : « Mademoiselle, un aller Bordeaux-Saint-Jean-Pied-de-Port en deuxième classe, s'il vous plaît. » De l'autre côté de l'Hygiaphone, une beauté africaine me dévisage avec un sourire rayonnant : « À quelle heure, monsieur[1] ? » Cette femme est subtile ! Je réponds spontanément : « Vers les sept heures du matin. » Mais l'information essentielle, la gentille fonctionnaire me la fait répéter : « Redites-moi votre destination ? » Génial ! Sur aucune des cartes qu'elle consulte ne figure de liaison pour Saint-Jean-Pied-de-Port. Donc elle n'existe pas. CQFD. Désabusé, je répète le nom de l'endroit et la demoiselle, légèrement désemparée, se met à compulser d'imposants Chaix qui datent d'un autre siècle. Enfin, elle arrive à ce résultat complètement déboussolant : « Monsieur, il n'y a pas de localité de ce nom en France. » Je suis à peu près aussi perplexe que si elle venait de m'annoncer que Dieu est mort. « Un instant », lui dis-je, « vous voulez dire que l'endroit existe mais qu'il n'est relié à aucune gare ? Il doit bien y avoir un autocar ou quelque chose de ce genre ». La guichetière, polie mais obstinée, ne se laisse pas émouvoir : « Non, si je vous dis que cet endroit n'existe pas, vous pouvez me croire. » Bien entendu, je ne la crois pas et insiste : ce lieu existe bel et bien. C'est quand même une question de principe !

Après de longues minutes fastidieuses, il s'avère finalement que le lieu existe. Plus incroyable encore : il y a un train avec une correspondance. Je suis sur le point de me persuader que cet endroit n'existe que parce que j'ai tellement insisté. Peut-être que j'ai de la chance et qu'en ce qui concerne Dieu, c'est la même chose. Il suffit d'y croire.

En quittant la gare avec mon billet en poche, je m'interroge à nouveau sur ce que je suis venu faire ici. Est-ce vraiment raisonnable ? Et surtout… Mais j'ai devant moi un immense panneau publicitaire qui fait l'éloge d'une marque de télécommunication, avec cette question : « Savez-vous vraiment qui vous êtes ? » Ma réponse est spontanée et sans détour : « Non, pas du tout ! »

1. En français dans le texte.

Je décide d'y réfléchir à l'hôtel. Dans ma chambre, je trouve un dépliant sur Bordeaux passablement poisseux que je feuillette sans grand intérêt pour y apprendre tout ce que j'ai raté la semaine passée. C'est alors que je tombe sur la suite de la campagne publicitaire, cette fois avec l'en-tête « Bienvenu dans la réalité ! ». Cela m'intrigue. Ma chambre n'a toujours pas de fenêtre, mon chargeur de portable ne s'adapte pas à la prise. Je voudrais déjà être rentré à la maison – ou partir d'ici. Je n'en sais trop rien. Je tranche pour le départ et m'endors.

Qui peut sérieusement douter de l'existence de Saint-Jean-Pied-de-Port ?

À mon arrivée ce matin à Saint-Jean, ça fourmille déjà de pèlerins de tous âges et de toutes nationalités. C'est bon pour le commerce local : ici on vend des bâtons d'un genre rustique, des coquilles Saint-Jacques... Les attributs du pèlerin. On propose aussi des figures de saints aux couleurs kitsch, des menus pour pèlerin – traduction : steak frites – et toutes sortes de guides en toutes les langues. J'opte pour un bâton tout simple, qui me semble déjà bien trop grand, bien trop lourd et surtout peu maniable...

Sur le chemin qui mène à l'auberge des pèlerins, je réfléchis à la manière de dire *Stempel* en français. En espagnol, ça se dit *Sello*, comme c'est écrit sur le passeport du pèlerin, le *crédencial*. Arrivé sur le pas de la porte, le mot me revient : *timbre*[1] ! Je prépare ma phrase : «*J'ai besoin d'un timbre*[2].» C'est à ce moment-là que j'entends le vieux monsieur du comptoir s'exprimer dans un pur anglais d'Oxford. Il délivre justement un timbre à un groupe de quatre jeunes musiciens venus de l'Idaho et leur attribue les lits 1 à 4. Je comprends que l'homme est un Anglais qui passe ses congés dans ce petit bureau à valider les passeports des pèlerins et à leur donner des numéros de lits. Et visiblement il y prend plaisir. Moi, précisément, ça me gâche le mien, car je suis en train de comprendre que je vais me retrouver dans un dortoir humide avec vingt inconnus. On m'affecte le lit numéro 5 selon Adam Riese. C'est justement à côté du joyeux Country Quartet de l'Idaho, qui traîne avec lui des instruments très lourds : trois guitares et quelque chose qui ressemble à une flûte.

Quand mon tour arrive, l'Anglais si poli me demande : «What's your profession, sir[3] ?» Que vais-je bien pouvoir

1. En français dans le texte.
2. En français dans le texte.
3. En anglais dans le texte.

répondre ? Je lui trompette finalement en pleine figure : « Artiste ! » Le type me regarde d'un air suspicieux. Évidemment, pour les musiciens, la question ne se posait pas.

La publicité disait : « Savez-vous qui vous êtes vraiment ? » Manifestement, je ne le sais pas. Il faut cependant me voir avec ma casquette à visière blanche : je ressemble à Elmer – le type qui passe son temps à courir après Bugs Bunny.

Avant même qu'il ait pu me refiler le lit numéro 5, je m'éclipse avec mon premier timbre officiel – alors que je n'ai pas encore parcouru un seul mètre. Mais l'Église catholique est officiellement mise au courant : mon pèlerinage commence ici. À la fin, le *Secretarius Capitularius* de Saint-Jacques remet un super diplôme en latin avec des dorures, la *Compostela*. Et tous mes péchés me seront pardonnés. D'après les critères catholiques, j'en ai quelques-uns, de fait. J'ai l'impression d'être le personnage principal d'une comédie religieuse.

Les tampons ne sont délivrés que dans les auberges accréditées, les églises et les monastères situés sur le parcours. Celui qui voudrait voyager par la route ou le train n'a donc aucune chance d'escroquer un diplôme, puisque les points de contrôle officiels ne sont accessibles qu'à pied ou à vélo. Et l'on ne peut prétendre avoir été un vrai pèlerin si l'on n'a pas fait les cent derniers kilomètres pedibus ou les deux cents derniers à vélo ou à cheval. La plupart des gens veulent faire le *Camino frances*, car c'est *la* vieille route du pèlerinage.

Bien évidemment, pour obtenir l'incontournable passeport de pèlerin, il n'est pas nécessaire d'être catholique. Je pourrais très bien me présenter comme une espèce de bouddhiste avec un vernis chrétien, par exemple ! Ce qui a l'air plus compliqué que ça ne l'est en réalité. Il suffit d'être en quête spirituelle... Et c'est mon cas.

Pour compenser la nuit de Bordeaux, j'ai établi mes quartiers à l'hôtel des Pyrénées. C'est l'adresse où il faut descendre, snobisme de Düsseldorf oblige. Une première nuit dans l'auberge des pèlerins aurait été pour moi, disons, trop « intime ».

Tout en buvant à petites gorgées mon café au lait au bistrot, je me demande ce que j'attends vraiment de ce pèlerinage. Je pourrais partir bille en tête : « Est-ce que Dieu existe ? Ou bien Yahvé, Shiva, Ganesh, Brahma, Zeus, Rama, Vishnou, Wotan, Manitou, Bouddha, Allah, Krishna, Jéhovah ? » Il y en aurait beaucoup d'autres à mentionner.

Depuis ma plus tendre enfance, la question du Grand Architecte me préoccupe. À huit ans, j'ai adoré suivre la préparation à la première communion et m'en souviens encore très bien aujourd'hui. Plus tard, même chose pour les retraites avant la confirmation et pour les confessions. On n'avait pas besoin de m'y pousser, ce qui d'ailleurs ne serait venu à l'idée de personne puisque ma famille catholique n'était pas pratiquante. Jusqu'à mon bac, j'attachais beaucoup intérêt à toutes ces questions religieuses. Tandis que d'autres enfants allaient à la messe en traînant les pieds, moi j'aimais beaucoup cela. Mais je me cachais pour ne pas passer pour une grenouille de bénitier. Certes, les sermons du curé ne me touchaient pas toujours mais ils n'ont pas entamé ma curiosité. Je n'étais convaincu par aucune conception religieuse en particulier, elles me fascinaient toutes également. Pendant un temps, j'ai même sérieusement caressé l'idée de me convertir pour devenir pasteur protestant ou théologien. Si, quand j'étais petit, je n'ai jamais eu le moindre doute de l'existence de Dieu, aujourd'hui, en tant qu'adulte supposé éclairé, je me pose la question : « Dieu existe-t-Il vraiment ? »

Et qu'en sera-t-il si, à la fin de ce voyage, la réponse est : « Non, je suis désolé, Il n'existe pas. Il n'y a rien, vous pouvez me croire, mon bon monsieur. » Est-ce que je pourrais m'arranger de cela ? Non, pas du tout. La vie sur cette petite planète ridicule serait-elle dénuée de sens ? Naturellement, chacun ici-bas, je pense, veut trouver Dieu... Ou du moins savoir s'il est quelque part... ou s'Il est passé par ici... ou s'Il repassera par là... ou je ne sais quoi d'autre. On devrait peut-être poser la question autrement : « Qui est Dieu ? Où et comment ? » C'est ainsi que procèdent les sciences exactes. Et pour l'instant, je postule que Dieu existe.

Ce serait tout de même insensé de gaspiller un temps limité et précieux pour chercher quelque chose qui n'existe peut-être pas, finalement. Alors je me dis, Il est là ! Je ne sais seulement pas où Il se trouve.

Si le Créateur existe, Il sera ravi d'apprendre que je n'ai jamais douté de Lui. Ou d'Elle.

Dans le pire des cas, la réponse pourrait être : « Dieu existe et en même temps Il n'existe pas. Vous ne pouvez pas comprendre mais – désolé – c'est comme ça. » Je pourrais organiser ma vie ainsi, ce serait un bon compromis. D'ailleurs, certains hindous préconisent ce point de vue apparemment absurde.

Autre question : Qui est à la recherche de Dieu, ici ?

Moi ! Hans-Peter Wilhelm Kerkeling, trente-six ans, signe Sagittaire, ascendant Taureau, Allemand, Européen, Rhénan d'adoption, originaire de Westphalie, artiste, fumeur, dragon pour les astres chinois, nageur, automobiliste, contribuable, spectateur, comique, cycliste, auteur, client, électeur, concitoyen, lecteur, auditeur et de sexe masculin.

Selon toute apparence, je ne sais pas moi-même qui je suis. Alors comment pourrais-je deviner qui est Dieu ? Formulons cette question plus simplement : Qui suis-je ? Ce n'était pas ma préoccupation initiale, mais comme je suis constamment sollicité par les panneaux publicitaires, je n'ai pas le choix. Tout d'abord se mettre en recherche de soi-même, ensuite regarder plus loin. Avec un peu de chance, Dieu habite peut-être tout près de chez moi, à Wattenscheid. Dans ce cas, j'aurais eu tout faux en venant ici.

Dans ma chambre étouffante, j'ai dormi tout au plus trois heures, la nuit dernière. Cela explique sans doute ces réflexions confuses. Ce soir, je vais au lit de bonne heure : demain il faudra décamper à six heures. Seigneur, je suis déjà si fatigué !

Si Dieu existe, Il a sans doute beaucoup d'humour en réserve. Pour l'instant, je suis toujours devant ma tasse de café au lait, sur une planète patatoïde qui fonce à toute allure dans le cosmos. Invérifiable en ce qui me concerne et pourtant c'est prouvé. Je suis à Saint-Jean ! L'apôtre Saint-Jean n'est-il pas d'ailleurs le frère de Saint-Jacques ? Ce pourrait être l'indice subtil qu'ici passe un chemin de fraternité. Ou alors cette ville porte en fait le nom de saint Jean-Baptiste ? Des Saint-Jean, il y en a plusieurs… Je suis trop épuisé pour approfondir davantage, aujourd'hui.

Pensée du jour : Découvrir d'abord qui je suis.

10 juin – Roncevaux

Avec tous ces habits sur le dos, j'ai l'air d'un bibendum ! Je peux à peine tenir mon bâton.

J'ai quitté l'hôtel à la première heure, ce matin. Direction Roncevaux, en Espagne. Pour mon petit déjeuner, je me suis contenté d'une barre énergétique. J'en ai trois autres en réserve pour les situations extrêmes. J'ai rempli ma gourde à moitié, pour limiter son poids. Bien qu'elle soit en plastique ultraléger, chaque millilitre compte. À peine sur le sentier officiel des pèlerins, il se met à tomber des cordes. Je comprends vite que ma parka, pourtant payée une fortune, ne me protégera ni du froid, ni de la pluie. Autant que je puisse en juger à travers le brouillard, il n'y a aucun autre pèlerin en vue. Sans doute ces braves gens sont-ils restés à l'abri. De vraies poules mouillées ! Moi qui voulais démarrer en douceur, m'habituer au poids du sac, trouver le bon rythme... C'est raté ! Avec un temps pareil, j'ai intérêt à arriver le plus vite possible, mais c'est mal parti... Et cette cochonnerie de bâton me glisse des mains sans arrêt. Avec mon sac à dos qui s'alourdit à chaque mètre, je suis loin du but. J'avance en reptile, je trébuche une fois sur deux, je frôle la chute tous les trois pas et me rattrape in extremis... Je n'ai pas la moindre idée du paysage : la pluie et le brouillard sont trop denses. Je lis pourtant sur mon guide que cette région est l'une des plus grandioses d'Europe, photo à l'appui : un splendide décor de sommets enneigés sur fond de coucher de soleil. Je suis censé me trouver au milieu de verts pâturages et de moutons en liberté. Peut-être... Cependant j'ai du mal à croire que je suis en train de traverser cette carte postale.

Je termine ma troisième heure de marche forcée sous des trombes d'eau. À plus de mille trois cents mètres d'altitude, un brouillard toujours plus épais recouvre le col. Et, c'était à prévoir, je ne peux plus mettre un pied devant l'autre. Même mon sac à dos a envie de rentrer à la maison. D'ailleurs, avec cette purée de poix, si je m'affale, il ne pourra même pas me servir de balise, vu du ciel. L'instant est vraiment tragique, j'éclate d'un rire nerveux, ce qui m'achève.

Il ne me reste plus qu'à acccepter mon sort. Noyé sous la pluie battante, je m'assieds sur une pierre et contemple le magnifique panorama bouché. Je jette un regard à droite : à ma vitesse d'escargot, je ne suis pas près d'atteindre le sommet. Un regard à gauche : redescendre ? Inutile d'y songer. La situation est extrême : je m'offre une nouvelle barre de Muesli accompagnée d'une cigarette humide. Je ne sens même plus la pluie, tout est architrempé bien que le sac m'ait été garanti imperméable ! Je fume et ris tout seul... Ça dure peut-être un quart d'heure. Pas un chat !

Soudain une camionnette déboule sur ma gauche. Je saute sur mes pieds en agitant frénétiquement mon bâton. La vieille machine pile, un visage rougeaud de paysan émerge du brouillard : « Où que voulez-vous donc aller par ce temps de chien[1] ? » Comment dit-on « sommet » ? Je ne sais plus. « Enfin, euh, là-haut quoi ! » Un grognement bourru en guise de réponse. La porte s'ouvre. Je me retrouve le nez écrasé contre le pare-brise, dans une puanteur sans nom. J'ai à peine le temps de me retourner pour découvrir un monstrueux couple de béliers : l'un d'eux me souffle au visage, l'autre me propose son arrière-train.

« Il y a encore loin jusqu'à... en haut ?

— Plus très. Peut-être deux kilomètres et demi », répond le type en me tendant une cigarette. Je suis soulagé : j'étais presque arrivé !

« Vous êtes un de ces pèlerins ?

— Oui. » Cela fait bizarre : c'est la première fois que je le dis.

« Vous y allez fort... » Je perçois le reproche dans sa voix. C'est vrai, je présume trop de mes forces. Mais pas question de l'avouer devant deux animaux qui empestent. La fourgonnette grimpe toujours plus vite. C'est le moment que choisit le plus gros des deux pour vomir une espèce de liquide verdâtre sous l'œil amusé du paysan. Je bafouille :

« Il ne se sent pas bien ?

— Il me fait le coup à chaque fois ! Il n'aime pas la voiture, mais je n'ai pas d'autre solution. Il faut bien monter aux alpages : c'est la saison ! »

Ça y est, nous y sommes. Toujours sous une pluie diluvienne. Le brouillard s'est épaissi, la température est passée sous zéro. Le chemin est détrempé, gorgé de boue. Avant de repartir, le paysan, son mégot au coin de la bouche, me rassure.

---

1. En français dans le texte.

«Vous avez fait le plus dur ! Le sommet est tout près. » Je le remercie chaleureusement, sans oublier de souhaiter un prompt rétablissement à la bête.

Alors qu'il s'éloigne, j'essaie de me repérer. Cette pause m'a fait du bien, je peux retourner à l'assaut de l'Espagne. Tout d'abord, je m'offre une gorgée d'eau. Ma gourde ? Disparue ! Sans doute a-t-elle glissé dans la camionnette. Fantastique ! Il pleut à n'en plus pouvoir et je meurs de soif.

Je reprends mon escalade. Plus on monte, moins il y a d'air. J'ai de plus en plus de mal à respirer. Me voici enfin à la célèbre source de Roland, à deux pas de la frontière. Là où le preux chevalier est tombé en héros sous les coups des Basques ou peut-être des Maures. Charlemagne en personne aurait bu à cette source. J'avoue ne pas ressentir grand intérêt pour ces détails historiques. J'ai trop soif. Comme aurait dit Brecht : boire d'abord, se cultiver ensuite.

Je fonce vers la fontaine. Mon sac à dos me laboure les reins et me cisaille les épaules. Je m'en fiche. Je vais boire. Enfin. Je tourne gravement l'antique robinet de cuivre. Rien. Il ne se passe rien. J'ai beau tourner dans tous les sens. Pas d'eau, pas une seule goutte.

Dire que je suis cerné de cascades et que la fontaine est à sec ! Mon guide est formel : c'est le seul point d'eau potable de l'étape. Pour comble de malheur, il reste quatre heures de marche. Fantastique. C'est vraiment mon jour. Je suis furieux. Il n'y a personne là-haut pour m'envoyer un plombier ?…

Soudain, un bruit de moteur perce le brouillard et je vois surgir – non, je ne plaisante pas – une voiture de pompiers. Deux hommes en descendent et avancent à tâtons : « Tout va bien, monsieur[1] ? » Je retrouve instantanément – est-ce à cause de la soif ? – mon français. « Tout va bien ! Dommage que ce robinet inscrit au répertoire des monuments historiques ne fonctionne plus. Vous n'allez pas me croire, mais

1. En français dans le texte.

il n'y a plus d'eau. » En un rien de temps, comme seuls des pros savent le faire, les deux gars ouvrent une canalisation et font jaillir le précieux breuvage. Je peux enfin boire tout mon saoul. J'ingurgite au moins deux litres. Puis, tout est remis en ordre : la canalisation est refermée consciencieusement et la fontaine de nouveau inutilisable. Je suis le seul à avoir pu me désaltérer au col de Roncevaux aujourd'hui.

Je demande : « Mais qu'est-ce que vous faites ici par ce temps de chien ?

— Rien, répond en souriant le plus gros, c'est à cause de mon copain : il n'est pas bien. Hier, au grand bal des pompiers de Saint-Jean-Pied-de-Port, il a un peu abusé de la bouteille. Et maintenant, il faut s'arrêter toutes les dix minutes pour... enfin, pour vomir quoi. »

Puis, aussi vite qu'ils sont apparus, ils s'évanouissent dans la brume, comme un mirage. Il semble bien que le coin ne réussisse ni aux hommes ni aux animaux. Bizarrement cela me remonte le moral. Pour la deuxième fois de la journée, j'éprouve une sorte de reconnaissance.

Les pompiers étaient français. Je ne suis donc pas encore en Espagne. J'accélère le pas, la forêt est de plus en plus dense, je monte en aveugle. Le ciel ne veut vraiment pas se découvrir.

Trois heures de marche exténuante. Quand je pense que j'ai encore deux heures à crapahuter au moins ! La pluie redouble. Je m'affaiblis. J'avance si lentement qu'en une demi- heure, une douzaine de pèlerins m'ont dépassé. Mais d'où sortent-ils ? Mystère, je n'ai pas vu un chat depuis des heures et les voilà, trempés, qui me frôlent avec leur paquetage et sans me saluer.

Par chance, cela commence à descendre. Mon cœur bat plus régulièrement. La pente est raide, boueuse et surtout étroite – vingt centimètres – environ. Mon genou gauche se met à trembler et à m'élancer. La douleur monte si rapidement que je gémis. Je me fiche de savoir si l'on peut m'entendre dans cet endroit paumé. Il faut tenir ! J'ai vraiment trop mal.

Dieu merci, j'ai mon bâton. Il m'a bien handicapé en montant, mais il est magique pour la descente. Sans lui, je ne pourrais pas tenir debout sur cette patinoire. Je m'arrête toutes les dix minutes pour souffler. Ne pas réfléchir, ne pas s'apitoyer. Je me suis hissé jusque-là, je vais bien finir par redescendre. En tout cas, j'ai intérêt à arriver à Roncevaux avant d'être englouti par l'obscurité. Toujours pas de borne frontière. Vivement l'Espagne ! Les douleurs sont si insupportables que je suis au bord des larmes. J'ai lu que tout pèlerin pleure au moins une fois sur la Route.

Mais pas déjà, pas dès le premier jour.

Encore dix minutes et je m'effondre. Au moment où j'allais me mettre à pleurer comme un gosse, le couvent de Roncevaux apparaît au détour d'une clairière comme par miracle. Me voilà tel le lépreux du Moyen Âge à qui une âme charitable lance un morceau de pain. Quand je pense que j'ai parcouru vingt-six kilomètres à pied sur la crête des Pyrénées !

Cet énorme couvent, trois fois trop grand pour la localité, est l'auberge accréditée des pèlerins. En le voyant, on pense au château assoupi de la Belle au bois dormant. Après un rapide tour dans le cloître, je visite le rez-de-chaussée. De toute façon, je suis incapable d'aller plus haut aujourd'hui. Tout est terriblement sale et glacé : les dortoirs, les douches, les toilettes. Rien à voir avec l'extérieur. Cinquante pèlerins y ont établi leur campement. Des vêtements mouillés sont étendus partout sur les dalles humides. Dans tous les coins, les gens sont assis ou couchés, trempés de sueur, fourbus mais étonnamment sereins. Je leur ressemble à coup sûr. Mais il faut pour l'instant faire tamponner mon *crédencial* au comptoir. L'homme, un basque à la retraite, s'étonne : « Vous ne voulez qu'un coup de tampon ? Vous n'avez pas besoin d'un lit ? »

À la différence du français, je parle très bien espagnol. C'était l'une de mes matières favorites au lycée et j'aime cette langue. « Non, je n'en ai pas besoin, je vais dormir à l'hôtel. » Le type frappe du poing violemment et m'engueule : « Ça ne va pas ? Voilà bien la mode d'aujourd'hui ! Un pèlerin dort dans une auberge à pèlerins, et pas tout seul dans un hôtel. Il essaie de s'intéresser aux autres. » Stupéfait, je dévisage le cerbère : « Échanger, je veux bien, mais m'intéresser à des histoires d'ampoules aux pieds… rien à faire. » Furieux, je tourne les talons.

Au lieu d'enguirlander les gens, cet imbécile ferait mieux de réparer les bacs de douche ! Même avec la meilleure volonté du monde, je ne passerai pas une nuit ici. J'ai fait la marche de ma vie et je ne suis pas d'humeur à m'infliger une nuit dans ce refuge, ce « *refugio* », comme ils disent.

Je remonte en boitillant l'unique rue du village et je choisis une petite pension. Pas chère, propre et avec une baignoire individuelle. Dès que j'ai pris possession de ma chambre, j'étends mes affaires sur le sol et le radiateur. Tout est trempé : même l'argent et mon guide. Chaque pas me coûte. Mon genou me fait terriblement souffrir. Je ne vais tout de même pas m'arrêter dès la première étape. Au repos, je ne sens plus rien. Je peux encore monter, mais impossible de descendre. Bien sûr, l'unique chambre libre est au premier étage. Je mets un temps fou pour atteindre le palier. Heureusement, j'ai eu la bonne idée de dîner dès mon arrivée : de superbes calamars dans leur encre ! Comme ça, je ne monte qu'une fois. Demain, j'irai faire des courses. D'après le guide, il devrait y avoir une épicerie dans le coin. Je n'ai rien vu. De toute façon, même si ce magasin existe, je ne peux pas bouger.

C'est le moment de faire le point. Aujourd'hui j'ai gravi deux sommets : le premier, mes jambes peuvent en témoigner ; le deuxième, c'est autre chose, je le sens, je le devine sans le voir. Je suis heureux d'être en Espagne et demain, c'est reparti. J'ai l'impression d'être né aujourd'hui. L'accouchement a été difficile, mais la mère et l'enfant se portent bien. Le cordon est coupé.

Pensée du jour : Même si le brouillard le dissimule, le sommet est bien là.

11 juin – Zubiri

Ce matin, mes douleurs ont disparu. Mon genou semble fonctionner à peu près normalement. Après un petit déjeuner copieux, je reprends la route. But de l'étape : Zubiri. Six heures et demie de marche en montagne. Et en tongs. Je n'ai pas le choix car mes chaussures sont trempées. Elles sèchent, accrochées à mon sac. Par chance, en bon Allemand bien organisé, j'avais glissé ces tongs en pur latex dans mon paquetage, au cas où le sol des salles de bain ne serait pas propre.

Qu'aurais-je fait sans mes chaussures canadiennes ?

Au début, marcher est un pur bonheur. L'été vient de percer et me fait oublier l'humidité glacée de la veille. Le chemin traverse de magnifiques forêts. Ça grouille de vie : des papillons, des lézards, mais pas de pèlerins. Je peux enfin profiter du majestueux panorama. Il faut seulement surveiller les flèches peintes en jaune. Le chemin est très mal balisé : les flèches tracées à la main se baladent dans le paysage, une fois sur la route, une autre dans les arbres, puis sur une clôture et enfin sur un rocher. Mieux vaut avoir l'œil pour ne pas s'égarer. C'est étrange, j'ai l'impression que ce n'est pas moi qui marche en sandales vers Saint-Jacques-de-Compostelle, mais Saint-Jacques qui vient me chercher avec ses bottes de sept lieues.

Les tout premiers villages basques que je traverse sont féeriques. Cette région me fait penser à une forêt enchantée. Le style des maisons est plein de fantaisie, une architecture qui évolue entre paysages mosellans et plages de la Baltique. Comment l'ETA peut-elle poser des bombes dans un décor aussi magique ?

En arrivant sur une hauteur, je vois des rapaces voler au-dessus de moi. Je les compte plusieurs fois : ils sont douze. Leur mouvement est si beau que je prends une photo. Je ne suis pas très calé en ornithologie, mais ces oiseaux ressemblent drôlement à des aigles. Je préfère ça aux vautours ! Je ne sais pas s'il y en a dans les Pyrénées, mon guide ne me le dit pas. Aïe, aïe, aïe ! Catastrophe : mes douleurs au genou me reprennent ! Qu'est-ce que ça fait mal !

Me voilà de nouveau assailli par le doute : un pantouflard comme moi peut-il franchir les Pyrénées en tongs ? Trente kilomètres par jour, ce n'est pas une mince affaire. La douleur me torture. Je suis contraint de réduire ma vitesse. Je me traîne. Mes nu-pieds amusent beaucoup les paysans basques. J'ai l'impression qu'ils me prennent pour un idiot, comme si je ne savais pas que la plage est à au moins deux cents kilomètres d'ici. Au premier petit village, je m'arrête dans un bar. Je dois me reconstituer, boire, manger et m'approvisionner en bananes, en eau et en pain.

Réconforté, je repars et m'étonne de la légèreté de mes pas. Mais il manque quelque chose. Un bruit. Celui de mon bâton sur l'asphalte. Bravo ! Je l'ai oublié au café. Je n'ai plus qu'à courir pour le récupérer.

La chaleur m'accable et les forces m'abandonnent. Je suis prêt à tout balancer. Mais qu'est-ce que je fabrique ici ? J'ai perdu la tête. Si mon médecin me voyait ! J'ai déjà les tongs : pourquoi ne pas aller jusqu'à la mer ?

Courage ! Je me remonte le moral à voix haute : « Continue, mon vieux, ça va aller ! » J'atteins un vieil étang. Au bord, un immense abreuvoir de bois, alimenté par une source d'eau fraîche. J'y plonge la tête et me sens rajeunir de dix ans. Après m'être assuré que personne ne traîne dans les parages, je m'allonge, vêtu de mes seules tongs,

Un petit air de Moselle et de Baltique en Pays basque.

dans cette baignoire improvisée. Lentement mes chevilles dégonflent et mon genou retrouve une taille acceptable.

C'est évidemment le moment que choisissent deux Allemandes d'âge mûr pour débarquer, sans doute des profs à la retraite. Leurs gourdes sont pleines et l'eau de mon bain ne semble pas les attirer. Un peu gênées, elles s'assoient près de moi, avec un sourire moqueur. Je me fais passer pour un Français et leur crie un « Ça va ?[1] » qui les chasse. Du coup, je me détends : je m'offre une cigarette, avec une banane et du pain. Puis je remplis ma gourde. Elle a autant d'importance que mon bâton et beaucoup plus que mon énorme sac : onze kilos pour deux chemises, deux tee-shirts, une parka humide, un pull, deux slips, deux paires de chaussettes, de la lessive en tube, des pansements pour les ampoules, un spray cicatrisant, de la crème solaire, un portable, de l'argent, un Isomat, un sac de couchage, un

Assis dans une auge, un « Français » présente ses hommages aux passantes.

1. En français dans le texte.

chiffon, un livre, un guide et une barre chocolatée. Je me demande comment ça peut peser si lourd.

Mes chaussures ont fini par sécher et je m'apprête à franchir le col de l'Erro, à huit cents mètres d'altitude. Deux heures et demie de grimpette : il va falloir tenir le coup.

Mon guide avait raison : c'est raide, très raide, et ce n'est pas pour les pieds tendres. Devant moi, deux mamies allemandes. Si elles y arrivent, je dois pouvoir le faire. Au moment où je les dépasse, juste avant le sommet, elles sont en train de se masser les genoux en gémissant, comme le Hollandais et la Française hypersportive que j'ai aperçus ce matin.

Maintenant je descends. Deux heures et demie de calvaire, malgré le beau temps et le chemin couvert de frondaisons. Je me casse la figure au moins six fois. La sixième si violemment que je suis certain d'avoir une déchirure du tendon. Mon bâton me porte. Je ne peux presque plus plier le genou. C'est vraiment une torture ! Le chemin se perd, on se croirait dans un canyon au Kurdistan. Je ne suis même plus sûr d'être sur le sentier officiel. Ça ressemble plutôt au lit d'une cascade asséchée. Au moins cette balade me donne-t-elle l'occasion de méditer. Pour avancer : ne pas réfléchir, ne pas se retourner. Le chemin est boueux et caillouteux, bien trop casse-cou. Se concentrer sur le pas suivant, regarder toujours droit devant… Cela a au moins un avantage, j'apprends à connaître mon corps et je dois dire qu'il ne fonctionne pas si mal. Si je le traite en douceur et que je le rassure, il finit par m'obéir comme un vieux cheval. C'est ainsi qu'après avoir franchi un dernier pont sur l'Aga, *Puente de La Rabia*, le pont de la rage, j'atteins contre toute attente, et d'une seule traite, Zubiri.

Devant l'auberge, le quatuor de l'Idaho m'accueille en fanfare. Il joue face aux séchoirs encombrés de la « place des jeux ». Drôle de nom pour une place destinée aux pèlerins ! Comme si on pouvait faire ce parcours avec des enfants. Je préfère ne pas décrire le *refugio*. Je parviens à m'installer pour la nuit dans un gentil petit hôtel. La patronne est la cousine de la pharmacienne : ça me permet de m'approvisionner largement en baume et en genouillères élastiques. Comme par hasard, ma chambre se trouve au troisième étage sans ascenseur. On m'a sûrement jeté un mauvais sort ou quelqu'un veut ma peau. Enfin, j'espère pouvoir continuer vers Pampelune demain.

Ce soir, au menu, j'ai encore droit à des calamars nageant dans leur encre. Plutôt écœurant. C'est sans doute la spécialité régionale, même si la mer est à plus de cent kilomètres. Après tout, je me balade en sandales de plage, alors les autochtones peuvent bien manger du poulpe.

Pensée du jour : Avancer droit devant soi, sans regarder en arrière.

12 juin – Pampelune

Ce matin, tout va de travers, surtout mes jambes. J'ai eu tellement mal cette nuit que je n'ai pas pu m'endormir. J'essaie de me lever, mais je suis comme paralysé, mes jambes sont raides des talons jusqu'aux cuisses. Je souffre atrocement. Malgré tout, j'arrive tant bien que mal à me traîner jusqu'à la salle à manger.

À la réception, en me regardant dans la glace, j'ai l'impression d'avoir déjà maigri alors qu'hier j'ai mangé comme rarement dans ma vie.

Après le petit déjeuner, je ferme mon énorme sac à dos et me mets en route. Dès le premier sentier, une montée spectaculaire m'attend. Au bout d'un kilomètre, j'en ai déjà plein les jambes et plus du tout envie de continuer. J'ai vraiment besoin d'une journée de repos, avant d'affronter les trente kilomètres qui me séparent de la prochaine étape. D'ici, il n'y a aucune correspondance en autocar ou en train. Il ne me reste que l'auto-stop.

Je longe la nationale. Là, au moins, c'est plat, sur quelques kilomètres. Mais aucune voiture ne peut s'arrêter sans provoquer d'accident : la route est trop dangereuse, pas conçue pour les pèlerins paumés et boiteux. Je dois continuer à me traîner. Enfin un large bas-côté empierré : je peux m'arrêter et lever le pouce. Les voitures roulent à une vitesse démente. Elles m'ignorent superbement : leurs occupants secouent négativement la tête, il y en a même qui font des bras d'honneur. J'ai peu d'espoir. J'en ai au minimum pour une ou deux heures d'attente.

J'allume une cigarette quand arrive une petite Peugeot blanche. Vite, mon pouce. Enlevons les lunettes de soleil et sourions ! La dernière fois que j'ai fait du stop c'était en Grèce. J'avais dix-huit ans… Et ça n'avait pas marché. La voiture approche : trois passagers et un tas de bagages. Vite le pouce vers le bas, je n'entrerai jamais là-dedans avec mon sac. Mais la voiture ralentit et s'arrête. Un homme âgé et deux femmes mûres. Des Français d'après la plaque. « Où allez-vous, monsieur[1] ? » « À Pampelune ! » Je pense : « S'il vous plaît, mon Dieu, faites seulement qu'ils aillent à Pampelune. » « Montez[2] ! Vous n'allez pas continuer dans cet état. » « Pourquoi dites-vous cela ? » La dame à l'arrière me répond, amusée : « Vos genouillères ! Lorsqu'un pèlerin ne peut plus avancer, il faut l'aider. Vous ne trouvez pas ? C'est une bonne action. » Je trouve même que c'est une sacrée bonne action et je m'écrase à l'arrière. Mon sac et moi, nous allons bien avec le décor. Le conducteur redémarre : « Vous pouvez dire que vous avez de la chance d'être tombé sur des Français. » Je le regarde, étonné : « Par

1. En français dans le texte.

2. En français dans le texte.

Pampelune, où j'ai commis un acte de grivèlerie.

principe, les Espagnols ne prennent pas les pèlerins. Ils sont consciencieux. Si on ne peut pas faire la route à pied, on ne la fait pas. » Ma culpabilité vous remercie ! Mes pieds me lancent. Mais au fond, aucun Espagnol ne doit décider pour moi ce qu'il est bon que je fasse ou non, sur cette route.

Les trois Français viennent de Toulouse. La conversation s'anime rapidement. Ils trouvent mon français très acceptable. J'ai l'impression que la femme à l'avant est triste. Je lui demande où elle va. « À Logroño, c'est sur la route des pèlerins », répond-elle de façon laconique. Celle qui est à mes côtés, la cinquantaine passée, est plus bavarde : « Le mari de notre amie a fait le chemin de Toulouse à Logroño. Un peu avant cette ville, il a bu à une source et il s'est gravement empoisonné. Il a failli en mourir. Nous nous rendons à la clinique en espérant qu'il pourra sortir dans une semaine. »

Je reste sans voix. Pauvre homme, il avait déjà parcouru presque cinq cents kilomètres ! Seigneur, le chemin de

Compostelle est un véritable défi. Je ne boirai plus que de l'eau minérale.

Nous atteignons bientôt Pampelune. Les Français me déposent gentiment dans le centre-ville, où nous nous souhaitons mutuellement beaucoup de bonnes choses.

Je trouve une chambre libre au deuxième étage d'un petit hôtel, l'hôtel Saint-Nicolas. La fenêtre de ma chambre donne sur une cour intérieure sombre avec une acoustique digne d'une cathédrale... Quelque part, un bébé pleure bruyamment. Mais comme ce concert ne coûte que quinze euros, il n'y a rien à dire. C'est propre, central et accrédité pour les pèlerins.

Peu après je décide d'aller visiter cette ancienne cité romaine, aujourd'hui capitale fière et imposante de la Navarre. Chaque pas me coûte tant que j'abrège vite ma balade et que je m'assieds sur la Plaza del Castillo pour observer les allées et venues. Ici et là, des pèlerins clopinent et traînent la jambe. La route semble en avoir épuisé beaucoup, curieusement des jeunes et surtout des Allemands. Heureusement, nous sommes quelques semaines avant la saison des taureaux et nous ne sommes pas obligés de courir pour sauver notre peau. Dans mon état, il y a une chose à ne pas rater : le repas. Je commande une assiette de thon au paprika et une eau minérale. Au moment où le plateau arrive, ça empeste déjà la mauvaise huile. Le plat a l'air encore plus écœurant que l'odeur. C'est tout simplement infect. Le poisson est grisâtre, je ne peux même pas repérer le paprika et, rien à faire, l'huile est rance. Je le sens sans avoir besoin d'y goûter. Je vide la bouteille à la santé de la maison, me lève et m'éloigne à grands pas sans payer. Je n'avais jamais fait ça de ma vie. Un pèlerin coupable de vol. Il ne me manquerait plus qu'une bonne gastrite.

Aujourd'hui, je suis de méchante humeur. Je mets ça sur le compte du mal au genou. Je me sens seul. Évidemment je pourrais appeler à la maison, mais cela signifierait arrêter mon voyage sur-le-champ.

Je n'ai aucune envie de me joindre aux autres pèlerins. La plupart donnent l'impression de catholiques convaincus, tellement sûrs de leur entreprise que je me demande pourquoi ils font ce pèlerinage. Ils termineront sans doute la route en étant les mêmes qu'au départ ; si jamais ils parviennent à Saint-Jacques-de-Compostelle.

Je ne sais pas comment ça va tourner, mais je suis détendu et j'attends confiant la journée de demain. Je suis sûr que ce chemin va changer quelque chose en moi.

Depuis le départ, je tombe régulièrement sur un Hollandais entre deux âges, John, et une Française très sportive, la quarantaine passée. À chaque fois, ils me saluent aimablement et nous échangeons quelques mots. Je sens bien qu'ils seraient heureux de causer un peu plus longtemps. Mais ça me suffit : je ne parviens pas à accrocher davantage. Depuis que je suis parti, j'ai l'impression d'avoir vidé mon cerveau de tout ce qui l'encombrait. Les pensées les plus profondément enfouies pour lesquelles je n'avais jamais de temps disponible me reviennent. Mes débuts professionnels, notamment, et les circonstances heureuses qui m'ont permis de réaliser mon rêve quand j'avais entre quinze et vingt ans.

Même quand j'étais petit, je savais que je monterais un jour sur les planches. Je rêvais de devenir un grand artiste comique. Cela a vraiment démarré en 1981. Je me suis mis à travailler d'arrache-pied pour me constituer un répertoire. Je me souviens de mes amis, devant qui je jouais mes sketches et qui me regardaient avec inquiétude : « Tu trouves ça drôle ? » Moi je trouvais ça marrant, très marrant même.

Ma marraine Anna fut ma bonne fée. C'est elle qui m'a inscrit à un concours parrainé par un grand magazine de télévision, *Hör Zu*. Je leur envoyai deux cassettes, l'une avec mes sketches, l'autre avec des explications. Un mois plus tard, un message atterrit sur mon bureau. « Félicitations ! Vous êtes invité à la maison de la radio à Berlin. Vous êtes l'un des cinq candidats retenus pour le concours. »

C'est fantastique. Je viens d'avoir seize ans et je pars pour Berlin. Manque de chance, mon départ tombe le jour de la rentrée. Je devrais être en cours et non à l'aéroport de Düsseldorf flanqué de mon père. Pour comble de malchance, le directeur du lycée – qui est aussi notre professeur d'histoire – fait les cent pas dans la salle d'embarquement du terminal. Il me repère sur-le-champ : « Tu prends l'avion pour Berlin ? Un jour de rentrée ? » Difficile de nier. Mon père lui raconte alors une histoire abracadabrante, mon grand chagrin à la suite du décès d'une tante à Berlin. Cependant, il est convenu que je porte une grosse marguerite de papier en signe de reconnaissance : épinglée au revers de ma veste, elle dit à qui veut prendre la peine de lire : « Je suis un lecteur de *Hör Zu.* ». Ce qui ne manque pas d'intriguer mon directeur… Il aurait mieux valu lui dire la vérité.

Le concours se déroule en direct depuis le palais des congrès de Berlin et devant un jury de personnalités. Lors de mon passage, je présente tout ce que j'ai déjà testé pour des anniversaires ou des fêtes d'école. Et ça marche ! Je suis parmi les vainqueurs.

Les semaines suivantes, je bombarde régulièrement de cassettes toutes les stations de radio. Une station sarroise finit par me contacter. J'enregistre à Sarrebruck vingt-cinq sketches améliorés et corrigés par le producteur Lutz Hahn. C'est un travail fantastique qui me procure un plaisir immense. Grâce à ces enregistrements, la prestigieuse station rhénane WDR me repère à son tour. Le responsable des variétés, Georg Bungter, m'invite régulièrement pour de petites productions radiophoniques. Ces deux hommes ont été assez audacieux pour inviter un gamin de dix-sept ans à enregistrer ! Je leur dois beaucoup.

Je passe ensuite dans l'émission des *Jeunes talents en herbe* où je découvre que je préfère nettement la télévision. J'ai presque dix-huit ans. Le succès se fait attendre. Mes envois restent sans réponse. Seule une rédactrice de la radio bavaroise me conseille de participer à un concours à Passau, *La Hache du bourreau*, pour jeunes artistes de cabaret. Mais mon inscription est rejetée. C'est un concours réservé à des artistes d'Allemagne du Sud, d'Autriche et de Suisse. Mon répertoire n'est pas suffisamment convaincant, pas assez engagé, même s'il est mordant.

Au même moment, avec mon copain pianiste Achim Hagmann, je m'inscris à un autre concours parrainé par la WDR qui recherche de jeunes talents pour son antenne. Nous sommes convoqués à un casting avec cent vingt autres jeunes espoirs de la télévision allemande : des danseurs, des chanteurs, des comiques, des ventriloques, des magiciens et même des acrobates. Avec Achim, nous proposons des sketches musicaux. La maîtresse des lieux, Ingrid Jehn, nous explique dans un saxon réfrigérant à quel point c'est dur d'arriver au sommet. De toute façon, elle n'en prendra que trois parmi nous. À peine a-t-elle terminé son sympathique monologue que son regard croise le mien. « Toi, là-bas ! Tu as une bonne tête. Tu commences. » Achim et moi nous montons sur la scène. Je donne tout ce que j'ai dans le ventre. Je ne suis même pas nerveux : l'insouciance de la jeunesse ! Les concurrents, tous figés dans leur fauteuil, demeurent de glace. Pas une chanson, pas une blague ne leur arrache l'ombre d'un sourire. Achim et moi sommes inefficaces comme jamais nous l'avons été. J'obtiens enfin un rire timide en cherchant désespérément à décrocher le micro de son pied. Je voudrais au moins avoir la place pour bouger sur cette fichue scène. Jamais je n'ai vu un tel truc et je ne sais pas comment faire. Je tire comme un malade, quand soudain le micro me saute au visage en me heurtant violemment la bouche. Quelque chose éclate : pas le micro, mais mon incisive droite qui, elle, s'envole. La salle est pliée de rire et applaudit frénétiquement. Le rêve de tous les artistes. Le numéro avec la dent aurait ses chances à Las Vegas ! Paniqué, je me penche par-dessus la scène : « Ma dent ? Ma dent ? Est-ce que quelqu'un aurait vu ma dent ? » Les rires redoublent. Quant à mon incisive, elle a bel et bien disparu. Peut-être est-ce à ce moment-là que je suis devenu un vrai comique. Cette performance involontaire laisse Mme Jehn de marbre. En souvenir de cette brillante prestation, il me reste une magnifique prothèse dentaire.

À peine remis de cette déconvenue, je reçois un appel inattendu de Passau. Le directeur du cabaret *La Maison du bourreau* me propose finalement une place pour le concours : l'un de ses concurrents est malade. J'accepte. C'est vraiment une chance. Nous sommes treize et bien sûr je suis le numéro treize. Pour moi, cette soirée est importante. Le cabaret enfumé, envahi de vapeur de bière, est plein à craquer. On est dans la Bavière profonde. Dans le jury siègent le directeur du cabaret, un célèbre critique de l'*Abendzeitung* de Munich, le rédacteur en chef de la radio-télévision bavaroise et Ottfried Fischer qui est déjà à cette époque une vedette de premier plan, un roi du rire, une sommité bavaroise... Deux Autrichiens, déjà primés plusieurs fois, col roulé noir et velours côtelé, montent les premiers sur scène. Le public a droit à un déluge de jeux de mots. Ils sont brillants, inspirés, bourrés de talent. Pas de doute, j'ai en face de moi les vainqueurs. Je ne fais pas le poids et en plus, il n'y a pas de deuxième prix. Le public ne se lasse pas de les applaudir. J'envisage sérieusement d'abandonner... Mais je ne sais pas comment je vais raconter à ma grand-mère que je ne suis même pas monté sur scène. Du coup, je reste. L'essentiel, c'est de participer ! Après les deux Autrichiens, les prestations suivantes sont médiocres. L'ambiance est retombée. Le numéro 12 est une femme de ménage bavaroise. Elle se perd dans un monologue mal maîtrisé et quitte la scène dans un silence glacial. C'est vraiment moche, elle me fait de la peine. La soirée semble terminée, mais je dois encore monter sur scène. Dans son micro, l'organisateur s'excuse presque de mon passage. Je m'assieds avec mon manuscrit posé sur un petit pupitre de bois branlant. Dès les premiers mots, je me sens en grande forme. En quelques minutes, la salle hurle de rire. Otto Fischer, lui-même, éclate de rire si bruyamment et tape si fort sur sa table que je n'entends même plus ce que je dis. C'est un triomphe. Le public est en délire. Même si aujourd'hui je ne gagne pas, je ferai un brillant second. Je sais parfaitement que les Autrichiens sont meilleurs, plus pros, plus mûrs. Au moment de descendre de scène, les deux Salzbourgeois me tapent sur l'épaule : «Cette fois-ci, c'est raté pour nous. La salle t'adore.» Vers minuit, Otto proclame le résultat : «Ça n'a pas été simple, mais nous avons pensé que ce prix devait récompenser un artiste qui a une grande carrière devant lui.» Je m'apprête à faire bonne figure et à féliciter les Autrichiens quand j'entends mon nom suivi d'un crépitement de flashs.

Dans ce brouhaha, une voix de femme me parvient : «Alors? Comment elle va, cette dent?» C'est Ingrid Jehn qui me félicite et m'annonce qu'elle serait heureuse de m'avoir chez elle à la WDR pour un programme de quatre semaines. La radio-télévision bavaroise a enregistré ma prestation et doit la diffuser dès demain dans toute la Bavière. On me remet le prix : une gigantesque «hache d'argent» et l'*Abendzeitung* de Munich fait le gros titre de sa page Culture avec ma photo : «L'ange persifleur».

Puis tout va très vite. Pendant un mois, je participe au show du *Sprungbrett*. La télévision diffuse tous mes spectacles en première partie de soirée.

À cette époque, je reçois un appel de Brême : Birgitt Reckmeyer me rappelle la lettre que je leur avais envoyée quand j'avais douze ans et qu'ils ont soigneusement archivée. Elle me propose de participer à une émission populaire en compagnie de vedettes célèbres sur la première chaîne allemande, à vingt heures. Je fonce à Brême. J'en ai encore les genoux qui tremblent en pensant à ma première entrée dans les studios de Brême. Une femme chaleureuse m'accueille dans son bureau : Birgitt. Elle y a accroché au mur ma lettre de 1977 avec mon écriture d'enfant. Pour la première fois, me voici dans un vrai studio de télévision, je suis très impressionné. C'est Mike Leckebusch, un vieux briscard, qui dirige le tournage et prend sous son aile le débutant boutonneux. Dans l'après-midi, je dois faire mon premier essai. Dans le studio, il y a une Américaine assez arrogante qui piétine et qui s'énerve. Cela fait des heures qu'elle répète une danse sans la réussir. Elle interrompt sans cesse le play-back. Mon temps de répétition se rétrécit terriblement. La dame s'appelle Madonna et elle chante une chanson qui s'appelle *Holiday*. Je suis assis près de la scène et je la regarde, de plus en plus stressé. Le régisseur lui demande d'être plus rigoureuse. Elle mâchouille nerveusement son chewing-gum, elle n'y arrive pas… Je suis content de voir la chanteuse Nena qui doit répéter immédiatement après moi. C'est une super-star aux États-Unis, elle est numéro un au hit-parade. Madonna fait une pause. Nena et son orchestre en profitent pour monter sur scène. Je suis fasciné. Nena assiste ensuite à toute ma répétition qui l'amuse beaucoup. C'est bon signe. Le réalisateur est enthousiaste et propose de ne faire qu'un seul essai pour que mes sketches gardent leur spontanéité. Je me sens très professionnel : je vais montrer à Madonna ce dont je suis capable. J'ai dix-neuf ans. Mon passage est un succès et, le soir même, la radio de Brême m'offre une émission sur la Une. Au bout de quatre ans d'efforts, je suis enfin arrivé au but, j'ai atteint ce qui me semblait inaccessible. J'ai du mal à le croire.

Puis, c'est au tour de Hambourg de me contacter. Je suis invité à un festival organisé par le grand Otto Waalkes. On me réserve un billet d'avion, une chambre de grand luxe et on me verse un cachet substantiel.

La salle du célèbre cabaret *Le Logo* est pleine à craquer. Otto est assis dans le public réputé difficile de Hambourg. L'ambiance est impressionnante. Juste avant d'entrer en scène, je demande expressément aux techniciens de mettre ma table à droite de l'imposante colonne qui s'élève au milieu de la scène. J'ai peur que beaucoup de gens risquent de ne pas me voir. J'entre sous un tonnerre d'applaudissements, mais je me fige quand je découvre que la table est très mal placée. Personne ne me verra si je m'assois. Aujourd'hui, je saisirais la table et la changerais de place avec une réplique marrante. Mais l'idée ne me traverse même pas l'esprit. Je disparais quasiment derrière cette maudite colonne et je commence mon numéro. Les deux tiers de la salle restent muets, ils ne me voient pas. Plus grave, ceux qui me voient et m'entendent ne rient pas non plus. L'ambiance est glacée. Il faut que je tienne vingt minutes. Au bout de dix minutes sans arracher un seul rire, certains commencent à regarder leur montre. Que faire? J'abrège sous quelques applaudissements charitables et je quitte la scène avec un air de chien battu. Au technicien qui me demande : « C'est fini ? » – il parle du numéro –, je réponds : « Oui. » Mais moi, je parle de ma carrière.

À la fin du spectacle, je dois aller manger avec Otto. C'est un supplice que je m'épargnerais volontiers. Comment me montrer devant lui ? Mais je ne peux pas me dédire car le dîner est prévu de longue date. Je fends le public la tête haute et le rejoins à sa table. Il a l'air de belle humeur. Ses amis me dévisagent, comme si je venais de rater un penalty en finale de Coupe du Monde. Otto me prend par le bras et m'entraîne vers la sortie. Sa femme nous suit. Une fois dehors, il me salue et se réjouit de pouvoir enfin faire ma connaissance. Lui et sa femme sont très détendus, avenants. Otto se frotte les mains, plein d'énergie : « Allons boire quelque chose, je suis bien content de quitter cet endroit. C'est vraiment irrespirable. »

C'est de ma faute. Je m'entends dire : « Désolé d'avoir raté la prestation. Je n'y comprends rien. Je ne sais pas ce qui s'est passé. Je ne pouvais pas faire pire. » Otto et sa femme s'étonnent et me répondent en riant : « Mais ça ne veut rien dire. Je t'ai trouvé excellent. » Sa femme approuve : « C'était très drôle. »

Ils sont adorables : ils nient l'évidence. Ils doivent craindre que je ne saute du haut de la tour de la télévision, d'ici une demi-heure. Otto m'explique : « Les autres s'en sont mieux sortis parce qu'ils connaissent les ficelles. Ils sont habitués au public d'ici. Sans compter que ce soir, ils ont plagié mon propre programme. Ce que tu fais, c'est très personnel. Les gens ne comprennent pas encore, laisse-leur le temps. Dans deux ans, ils seront pliés de rire. » J'ai peine à le croire, même si je constate que le grand artiste parle très sérieusement. Quoi qu'il en soit, il est dans une sacrée forme et il m'entraîne à une fête d'anniversaire très chic. Pour l'occasion, ma tenue est à frémir : un vieux pull noir et blanc élimé, un jean râpé à franges et des chaussures de sport bicolores que j'ai repêchées deux fois dans la poubelle. La soirée se déroule dans un restaurant branché du quartier le plus huppé de Hambourg. À l'entrée, l'inimitable Otto me présente comme le futur espoir de la télévision. Il hurle même : « Je vous présente l'artiste comique qui monte. Venez faire sa connaissance. » Partout, des gens importants, célèbres. La plupart doivent penser : « Il est bizarre, cet Otto ! Comme si on pouvait tirer quelque chose de cette nullité en chandail élimé. » Ce soir-là je rencontre beaucoup de ceux qui vont jouer un rôle important dans ma vie. Cette soirée est un peu mon « bal des débutantes », je ne m'y suis pas vraiment préparé. Dans un coin, une chanteuse, Isabel Varell, vient de débuter sa carrière : un an plus tard elle sera l'une de mes meilleures amies. Plus loin, Frank Zander, qui ne sait pas encore que nous ne nous quitterons pas ces deux prochaines années – puisque nous travaillerons ensemble sur les plateaux de télévision. Je suis photographié à côté du directeur de la rédaction de la NDR, Werner Buttstädt, qui me regarde ahuri, en se demandant qui je suis. La photo sera publiée le lendemain dans tous les journaux de Hambourg. Sans mon nom.

Je n'ai jamais aussi bien dormi que cette nuit-là, chez Otto. Au petit déjeuner, avec Manu, il me donne des conseils importants pour l'avenir. Ce jour-là, Otto a posé la première pierre de ma carrière.

Pourquoi est-ce que je pense à tout cela ? Ce n'est pas de ma biographie dont il s'agit, mais du chemin de Compostelle. À y regarder de plus près, cependant, la vie ressemble assez à ce chemin avec ses hauts et ses bas…

Tandis que je clopine dans les ruelles de Pampelune, une question me taraude. Se peut-il que la Bible ressemble au mode d'emploi mal traduit d'un lecteur DVD haut de gamme et japonais ? Tout y est très compliqué. Parfois, il manque un mot. Parfois, c'est contradictoire, voire absurde… Bref on n'y comprend rien. Et à la fin, on se retrouve perdu devant un lecteur muet. C'est en trafiquant l'un des interrupteurs qu'on finit par obtenir, sans trop savoir comment, l'image et le son. Parfois, il aurait seulement fallu appuyer sur le bon bouton.

Mais patience, je vais finir par le trouver, ce bouton.

Le soir, je m'attable dans un bar à tapas, pour goûter une assiette de hors-d'œuvre bien méritée. Sur le mur, je lis un gros graffiti : « Pourquoi ne souris-tu que quand on te filme ? » J'ai le curieux sentiment que cela s'adresse à moi. Effectivement, je suis moins désagréable devant une caméra qu'ici. J'espère surtout pouvoir continuer demain. Mes pieds me font très mal. À la fin de ce pèlerinage, je suis sûr que j'aurai inventé des centaines de mots pour désigner le mal au pied, comme les Esquimaux avec la neige.

Pensée du jour : Quand tu te lances, garde confiance.

13 juin – Pampelune

Ce matin, pas question de reprendre la route. La douleur est insupportable. Je ne vois pas comment je pourrais affronter les trois prochaines étapes. Viala est à soixante kilomètres à travers les montagnes. Je préfère y aller en bus. Inutile de courir le risque de rester en carafe en cours de route ! De toute façon, un jour de repos me fera le plus grand bien.

Je sors flâner du côté des Arènes en me promettant de respecter au plus près mon planning. J'ai quand même mieux à faire que de passer les prochains mois à boitiller à travers l'Espagne. D'ailleurs, j'ai de la chance : à partir de Viala, il y a une marche de quatre jours dans la plaine. Mais aujourd'hui, la détente est au programme. Je décompresse. C'est ma journée cinéma.

Je me suis offert une comédie américaine avec Warren Beatty et Diane Keaton sous-titrée en espagnol. Les cinq premières minutes de VO sont toujours un exercice périlleux. Si l'on veut tenir, il y a une règle d'or : ne pas chercher à comprendre au mot près. De toute façon, même dans les films allemands, je ne comprends pas tout, sans savoir si c'est parce que je suis bête ou que le scénario est creux. Bien calé dans un fauteuil, parfaitement détendu, il faut laisser tomber le sens des mots pour saisir l'essentiel. Un film en VO, c'est un peu comme dans la vie, on ne comprend pas tout du premier coup. J'ai beaucoup ri, même si tout n'était pas très clair.

Rire est ma soupape de sécurité. Cela m'évite de me prendre trop au sérieux. J'ouvre mon cœur, je vais vers l'autre. C'est cela, le vrai rire. Rien à voir avec la blague raciste, celle qui rapetisse et trahit un esprit étriqué. Rien à voir non plus avec la blague paillarde qui détend l'intellectuel. On pense à de drôles de choses, quand même, quand on traverse l'Espagne tout seul !

Je compare constamment les deux sœurs latines, l'Espagne et l'Italie. L'Italie l'emporte toujours, à cause de la cuisine sans doute. Quand je suis en Italie, je trouve l'Allemagne formidable et quand je suis en Allemagne, c'est l'Espagne qui me paraît géniale. Je ne sais pas pourquoi mais je n'arrive jamais à me satisfaire de l'endroit où je suis. Il faut toujours que je me plaigne. Restons positifs : aujourd'hui, je suis à Pampelune et c'est très bien !

J'aime entendre parler espagnol. Je ne sais plus où j'ai lu cette phrase d'un roi d'Espagne qui dit :

L'Italien chante,
L'Anglais fait des vers,
L'Allemand fait des affaires,
Le Français fait l'amour,
Et l'Espagnol, des prières.

Ce voyage, également, me procure l'effet d'une longue prière. Je vais faire mes bagages, regarder la télé et me mettre au lit. Dommage, c'est déjà fini, je vais prendre le bus pour Viana. Ensuite, c'est le chemin de Saint-Jacques qui recommence.

Pensée : Le rire est la meilleure des médecines. Et c'est très bien comme ça.

14 juin – Viana et Logroño

Ce matin, je suis arrivé à Viana après deux heures de bus. Je découvre la frontière de la Navarre, une vaste plaine verte et rouge seulement parsemée de quelques scintillantes éminences.

Avant le départ et pour soutenir la marche, il n'y a rien de mieux qu'un *bocadillo*, le casse-croûte local, accompagné d'un café et de beaucoup d'eau. Malgré la chaleur, mes os me font toujours aussi mal. Je me répète, mais je ne peux pas faire autrement. Et puis, au fond de moi, j'ai comme un sentiment de culpabilité. J'ai quand même sauté trois étapes. Bien sûr, pour le titre officiel de pèlerin, ce n'est pas un problème, puisqu'il suffit de prouver que j'ai bien fait les cent derniers kilomètres à pied ou les deux cents derniers à cheval ou à vélo. Mais quand on décide de faire le chemin de Compostelle, il faut jouer le jeu et respecter

Deux bornes très recherchées des pèlerins.

la place, le marchand de glaces tombe à point nommé. Je ne suis pas le seul : un Français, aussi hagard que moi, a eu la même idée. Il me raconte qu'il est parti d'Arles. Depuis trente jours, il marche. Je suis impressionné. Pour accomplir une telle performance, il faut une volonté de fer ou une foi à toute épreuve.

Aujourd'hui, je ne m'en sors pas trop mal : trois heures et demie de marche à travers La Rioja, sous un soleil de plomb. Je peux remercier le ciel. Mais il faut continuer. Je me repose enfin et m'accorde un café *con leche* en rédigeant des cartes postales. À la table voisine, j'avise une petite pèlerine mignonne qui s'occupe aussi de son courrier. Elle a des cheveux roux très courts et des lunettes cerclées. À coup sûr, avec cette peau claire et ces taches de rousseur, c'est une Anglaise ! Pour la première fois depuis le début de ce voyage, je rencontre quelqu'un qui retient mon attention. Cette femme de mon âge, avec son tee-shirt bleu et rouge du FC Barcelone, m'intrigue et j'aimerais bien lui parler. J'esquisse plusieurs sourires stupides dans sa direction. Elle me répond gentiment, mais la troisième fois, elle me fait comprendre d'un regard noir qu'elle en a assez et me tourne le dos, sans autre forme de procès. C'est idiot, elle s'est méprise. Je ne voulais pas la draguer !

Je termine la journée sur le balcon branlant de la chambre d'un hôtel de la vieille ville. Demain je verrai si je peux continuer la route. Pour l'instant, c'est l'heure de la lessive et d'une balade photo.

Pensée du jour : Méfie-toi quand tu regardes les femmes.

15 juin – Navarrete et Najera

Le temps est incertain, mais aujourd'hui je suis enchanté de prendre la route. Je me sens tout gai, quoique mes jambes soient un peu faibles. Je pars tard dans la matinée, après un long coup de téléphone à une amie et un solide petit déjeuner. Pour gagner Navarette, il faut d'abord sortir de Logroño par une banlieue triste et sans papillons. Le trafic y est infernal. Faute de trottoirs, je marche à gauche, dans le sens opposé à la circulation des voitures comme tout bon Allemand l'a appris, jusqu'à ce qu'une Seat poussiéreuse pile brutalement devant moi. Un Espagnol d'environ soixante ans sort de son véhicule et s'écrie : « Je l'aurais juré, vous venez d'Allemagne ? » Sans transition, il trace le nombre 1952 sur le capot de sa voiture et m'explique que cette année-là, il séjournait à Heidelberg. « C'était horrible. Toute l'Allemagne réduite en cendres. Vous n'étiez pas encore de ce monde ! » Je me demande où il veut en venir et je vois un énorme embouteillage se créer dans notre dos. Mais l'homme continue son monologue et me raconte que Heidelberg était restée miraculeusement intacte et que toutes les femmes allemandes étaient folles de cette ville. Il insiste parce qu'il veut que je retienne tout cela. Pour finir, il me signale que je marche du mauvais côté de la route. Puis il m'embrasse et me souhaite bonne route. Un peu intrigué et souriant, je traverse bravement la route pour marcher à droite, avec le sentiment d'avoir retrouvé un vieil ami. Au bout de la chaussée, je comprends mieux. Si j'étais resté à gauche, j'aurais atterri au beau milieu d'un échangeur autoroutier.

Après deux heures de marche dans un paysage de plus en plus sauvage, je fais une pause cigarette près du lac de Logroño. Je vois apparaître un couple de petits vieux qui cheminent main dans la main. Un petit bout de femme,

Je suis abruti de fatigue, couvert de poussière, mais c'est cela, c'est bien cela. Tout cela est vrai. Moi aussi, j'ai répondu à un appel. Quelque chose me pousse toujours plus loin, j'ai besoin d'avancer, je dois avancer.

Je me sens attiré par les petits villages idylliques que je traverse : les gens y vivent paisiblement de leur travail, avec leurs familles. Pourtant, je ne pourrais pas vivre ici, ni ainsi.

Je me sens bien dans ma peau. Plus j'avance, moins je pense. Parfois j'éclate de rire tout seul. Quand j'ai vraiment trop mal aux pieds, je pleure un bon coup, je m'offre une cigarette et je repars.

J'ai parcouru cette étape en trois heures et demie. Le guide en promettait cinq. J'ai trouvé mon rythme, mais j'ai manqué d'eau.

À l'hôtel, j'apprends par la télévision qu'un terrible attentat de l'ETA vient d'avoir lieu à Logroño. Après ma lessive, je me balade dans la cité médiévale de Nareja et je vais voir la relique de l'église. C'est une épine de la couronne du Christ.

Pensée du jour : Marcher et boire davantage !

17 juin – Santo Domingo de la Calzada

Ce matin, départ à neuf heures après un bon petit déjeuner, mes pieds vont bien mieux. Sans encombre, j'atteins les hauteurs de la Ciruena, qui dominent la vallée bleutée. Le temps est magnifique, il y a quelques nuages et un peu de vent.

Pour la première fois, je me rends compte que le chemin est bordé de coquelicots, mes fleurs préférées. Soudain, j'aperçois au loin des cheveux rouges et un tee-shirt du FC Barcelone. On la reconnaîtrait entre mille : c'est la petite Anglaise de Logroño ! Avec ses cheveux courts, ses lunettes à la Harry Potter et son grand chapeau colonial qui tombe sur ses épaules comme une aura, on ne voit qu'elle. Elle ne passe pas inaperçue dans cette étendue sans fin. J'aimerais bien savoir ce qu'elle fait ici. Elle n'a pas vraiment l'air d'une catholique de choc, elle me fait plutôt penser à une chercheuse d'insectes solitaire et malicieuse, en quête de prix Nobel.

Arrivé à sa hauteur, je la salue rapidement. Je ne sais pas si elle se souvient de moi mais je ne voudrais surtout pas lui donner l'impression qu'elle m'intéresse. Elle répond gentiment, puis me reconnaît. Son visage se fige. Tandis que je la dépasse furtivement, elle fixe sans ciller la route, presque apeurée. J'imagine le film dans sa tête : un homme et une femme en plein désert, seuls, cela ne peut signifier qu'une chose… Je devrais peut-être l'aborder pour lui dire que je n'ai pas de mauvaises intentions, mais je m'abstiens : je ne sais comment faire.

L'occasion se présente bientôt dans le « saloon » d'un petit village, qu'elle atteint avant moi. Comment ? Mystère. Je l'avais pourtant dépassée. Elle est debout au comptoir, épuisée et couverte de coups de soleil. Elle boit un café au lait et me dévisage comme si j'étais un dangereux maniaque traqué par toutes les polices d'Espagne. Nous ne sommes que tous les deux. Je me jette à l'eau : « Hello, je m'appelle Hans-Peter. » Ses traits se ferment : « Vous avez deux prénoms ! Vous êtes de la famille royale ? » À son accent et à son humour, j'en ai la preuve, elle est anglaise et pas qu'un peu ! De mauvaise grâce, elle me tend la main : « Hello, moi, c'est Anne. Anne, tout simplement. » Et quand je lui fais remarquer, en blaguant, qu'avec son prénom, c'est plutôt elle, qui est de la famille royale, elle détourne la tête en haussant les épaules, termine son café au lait et quitte le bar, sans oublier d'agiter son grand chapeau en guise d'adieu. Elle préfère me tenir à distance – comme un bandit de grand chemin.

Je me suis enfin décidé : ce soir, je couche à l'auberge des pèlerins. Prudent, je vais d'abord voir ce qu'il en est et discuter un peu. Si ce n'est pas en allemand, au moins ce sera en anglais.

Au terme de ces vingt derniers kilomètres, je suis moins fatigué que d'habitude : c'est le métier qui rentre. Mes jambes tiennent le coup. Demain, je marcherai moins vite, m'accorderai plus de pauses et boirai davantage. J'ai fait le point sur la carte, ça devrait être jouable en sept heures et demie à peu près. Une heure et demie de marche de plus qu'aujourd'hui.

J'arrive à l'auberge des pèlerins de Santos Domingo de la Calzada. Installée dans un austère couvent de cisterciens du XVIe siècle, c'est une véritable forteresse adossée à la porte de la ville. On s'y sent coupé du monde. Une bonne sœur autoritaire m'attribue un lit, le numéro 7, dans une chambre de huit. Je découvre l'unique autre pèlerin de la chambre : Anne. Son lit est le numéro 6, juste en face du mien. Nous sommes tous les deux seuls dans le dortoir ! Quand elle s'en rend compte, son regard ahuri est tellement comique que je ne peux m'empêcher d'éclater de rire. De fait, je suis vraiment surpris que, dans un couvent de religieuses, des hommes et des femmes puissent coucher dans le même dortoir. Je n'en aurais jamais cru l'Église catholique capable. Pour ne pas l'effrayer, je me tais. Tandis que je prépare mon lit, situé – c'est réussi – tout à côté des toilettes, la sœur introduit deux nouveaux pèlerins, une dame assez âgée et un jeune homme élégant, qu'elle installe sur les lits 4 et 5. Le visage d'Anne s'éclaire. Elle salue les deux arrivants comme s'il s'agissait de vieux amis : « Lory ! Brad ! C'est vous ! Comment allez-vous ? »

Anne de Liverpool, avec son maillot du FC Barcelone.

Lory, une Américaine, lui tombe dans les bras. Les deux nouveaux arrivants me serrent la main. Anne répète qu'elle suspecte mon appartenance à la famille royale. Tous les trois se connaissent depuis l'auberge de Saint-Jean. Nous discutons gaiement, j'apprends que Brad et sa mère viennent de Seattle. Anne, elle, est de Liverpool, ce qui explique son drôle d'accent.

L'idée de faire ce pèlerinage leur est venue en lisant *Mon chemin de Compostelle*, le livre de Shirley MacLaine que j'ai emporté, moi aussi. Nous tombons d'accord : l'actrice ne dit pas assez que la route est vraiment exténuante. Ce pèlerinage est in-cro-ya-ble-ment crevant ! L'ambiance est détendue, Anne devient même gentille. Elle m'explique pourquoi elle est arrivée avant moi au saloon : « Je voulais voir d'anciens lieux de tournage : on a réalisé des westerns, ici. Il s'avère que c'est aussi un raccourci.» Il y a donc des raccourcis ! Mon guide est bien trop catholique pour le signaler. Lory demande à Anne ce qu'elle espère de ce pèlerinage. Elle répond franchement qu'elle voudrait que cela l'aide à se détacher du monde, à prendre de la distance – c'est son problème. Tiens, un point commun, c'est la même chose pour moi. J'ai l'impression qu'en me racontant cela, elle me regarde d'un autre œil et qu'elle oublie que je suis un «obsédé sexuel».

Le pire, c'est mon sac à dos : il me fait l'effet d'un yacht de luxe. Je n'utilise que le tiers de ce qu'il contient. L'Isomat pèse presque un kilo et ne me sert à rien : je ne dors jamais à la belle étoile. Sans compter que je l'ai payé horriblement cher. Demain, je l'offrirai à quelqu'un. Ce dont on a besoin, surtout, c'est d'eau, de quelques oranges, de bananes, d'un peu de pain, de papier toilettes et surtout d'un bâton. Les vêtements, on peut les laver. En bref, je suis trop chargé.

Tandis que Lory et Brad partent dîner, nous restons seuls, Anne et moi. Elle se bagarre avec une sorte de toile en plastique. «J'en ai marre ! Je n'arrive jamais à plier cette foutue tente.» Je propose de l'aider : «Vous couchez sous la tente. Il fait trop froid ce soir ?» Anne fait la moue : «Oui, c'est pour ça que je dors ici, même si je préfère de loin dormir seule.» Puis elle se drape dans une serviette pour enfiler son pyjama. Mon invitation à dîner tombe à l'eau. Je me décide quand même à sortir, malgré le couvre-feu de dix heures.

La place de la cathédrale Santo Domingo de la Calzada fait penser à un décor de conte de fées. La ville porte le nom du saint qui édifia au Moyen Âge un hospice pour les pauvres auquel il se consacra par la suite, jour et nuit. La cathédrale romano-gothique lui est dédiée. Une curiosité la rend célèbre : une cage en or y est suspendue avec un coq vivant à l'intérieur.

Une légende médiévale raconte qu'un couple de pèlerins allemands et leur fils Ugolin se sont arrêtés une nuit au *refugio*. Au matin, Ugolin est accusé par l'aubergiste d'avoir volé des pièces d'or. On le condamne à mort. Désespérés, les parents vont plaider sa cause chez l'évêque. Celui-ci est en train de dîner et déclare le fils aussi coupable que le poulet dans son assiette est mort ! À peine l'évêque a-t-il proféré ces mots que le volatile se met joyeusement à battre des ailes. Ugolin est libéré. Bien sûr, il est difficile de croire à cette gentille anecdote, mais depuis ce jour il y a un coq vivant dans la cathédrale.

Je me décide à lui rendre visite. D'après la légende, si le coq chante quand je passe près de lui, je devrais terminer mon pèlerinage. Un peu de superstition n'a jamais fait de mal à personne. Je pénètre dans la maison de Dieu, plein d'espoir, et... rien. Silence complet !

Je parcours l'impressionnant édifice. Pendant ma visite, je tombe sur la doublure espagnole d'Anthony Quinn, avec son sombrero et son crucifix autour du cou. Ce type est si costaud qu'on croirait qu'il a été dérobé dans une école bavaroise. Il est seul, sans la métisse qui l'accompagnait. Cela éveille ma curiosité : « Olà ! Comment vas-tu ? Je m'appelle Hans-Peter. »

Lui, il accepte mon double prénom sans faire de commentaires : « Je suis Antonio, enchanté. » C'est gagné : il porte le même prénom que l'acteur. Je lui rappelle que nous nous sommes croisés hier, mais il m'a déjà reconnu. Sans détour, je le questionne sur son amie. Il se met à pleurer amèrement. La situation est si pénible pour moi que je l'invite à dîner sur la *plaza*.

D'une voix étouffée par les larmes, il me raconte son histoire. Il a cinquante-deux ans, il vient d'Andalousie. Depuis vingt-six ans, il fait le pèlerinage chaque année. Cette année, un peu avant Viana – c'est l'étape que j'ai séchée –, il a fait une rencontre incroyable : une petite femme de couleur, allongée de tout son long, à demi morte sur le chemin escarpé qu'il réussit à ranimer et à transporter jusqu'à l'auberge suivante. C'est une religieuse bénédictine de São Paulo envoyée sur la Route de Compostelle par sa mère supérieure. La fragile femme de soixante-huit ans, asthmatique, qui pèse à peine trente kilos et porte la moitié de son poids sur ses maigres épaules. Je n'arrive pas bien à saisir le pourquoi du comment de cette histoire. A-t-elle parcouru tout ce chemin pour faire pénitence ? Une blessure au pied a provoqué une infection. Elle parle mal espagnol et personne ne comprend son dialecte brésilien. Antonio l'accompagne pendant six longs jours à une vitesse d'escargot : un kilomètre par heure, cinq fois plus lentement que le pèlerin moyen. Finalement, il la convainc d'aller consulter un médecin, qui la fait immédiatement rapatrier au Brésil.

Antonio, toujours en larmes, m'apprend qu'avant son départ pour l'Espagne, sa congrégation lui avait fait signer une assurance-vie d'un million d'euros. Il était évident, soupire Antonio, qu'on voulait sa mort. Il n'y a plus qu'à espérer qu'elle arrive vivante au Brésil. L'histoire semble cousue de fil blanc, mais à voir les torrents de larmes que verse Antonio, je ne peux qu'y croire. J'ai vu de mes yeux vu cette femme qui effectivement semblait plus morte que vivante. C'était émouvant d'ailleurs de voir comment Antonio s'en occupait. Tous les deux donnaient l'impression d'un couple uni et même tendre. Après le dîner, comme il me demande un peu d'argent, je lui donne cinquante euros, qu'il promet de me rendre au plus tôt. Je sais bien que je ne le reverrai sans doute jamais.

Les cloches de la cathédrale se mettent alors à sonner la messe à toute volée et je décide de donner une deuxième chance au coq lunatique. Cette fois, ça marche. Le coq chante à pleine gorge par quatre fois sur mon passage. Pendant toute la cérémonie, il fait un boucan du diable. Sans broncher, le prêtre s'interrompt au moins dix fois pendant son sermon. C'est un spectacle unique. Les pèlerins sont pliés de rire.

Après la messe, je me faufile rapidement et découvre, assis sous le porche, Antonio, ivre mort, qui fait la manche. Bien sûr, il m'a tout de suite reconnu. Je fais comme si je n'avais pas vu et m'esquive. C'est donc cela, un pèlerin professionnel. Depuis vingt-six ans, il mendie sur le chemin de Compostelle. Il ne doit pas être le seul.

Je regagne mon *refugio*. La nuit y est gratuite, tout comme les quelques vivres distribués aux plus nécessiteux. Beaucoup d'auberges acceptent néanmoins les dons des pèlerins : il n'y a pas de prix fixé à l'avance. Mais à huit heures du matin, il faut que tout soit vide. À mon retour, quatre nouveaux lits sont occupés. On se salue furtivement – c'est un peu comme sur le premier vol du matin entre Munich et Düsseldorf – pour s'ignorer ensuite.

Ici et là, des pèlerins veillent encore ; ils lisent, tandis que d'autres, comme Anne, ronflent déjà allègrement. Les huit

La Maison du Pèlerin *à Santo Domingo de la Calzada.*

dortoirs sont tous remplis. Les chambres communiquent – c'est agréable – et on entend les bruits de chacun résonner à l'infini sous les voûtes des vieilles salles, un peu comme la chasse d'eau à côté de mon lit. Avant de dormir, je cherche mon sac de couchage, pour l'étendre sur le matelas, comme le demande le règlement. Il dégage une odeur infecte. Il est archi-trempé : j'ai oublié de le faire sécher depuis Roncevaux. Je le roule dans mon sac, mais l'odeur persiste. Il pue vraiment. Dans son sommeil, Anne s'agite, bat des paupières. Elle se réveille pile au moment où je saisis l'Isomat. Il me vient une idée et je murmure : «Anne…» Mais comment dit-on «Isomat» en anglais? Sans compter que je n'arrive pas à le sortir, sinon je n'aurais qu'à le lui montrer. «My Isomat, tu vois ce que je veux dire?»

Du coup, Anne est complètement réveillée. Elle prend une mine courroucée comme si je lui avais fait une proposition indécente, encore une fois. Elle me demande à voix haute : «Quoi? Ton quoi?» Dans un anglais hésitant, je balbutie : «Mon matelas isolant. Comment appelles-tu cela?» Dans un dernier effort, j'arrive enfin à extraire le fameux Isomat qui me saute au visage. Incrédule, Anne roule de grands yeux : «Ton thermarest? Tu veux me donner ton thermarest? Mais à quoi joues-tu?» Il est évident qu'elle considère que mon offre cache quelque chose de pervers. Je poursuis néanmoins : «Je n'en ai pas besoin, je ne me sers jamais de ce machin.» Elle saute alors de son lit et, comme un enfant à qui l'on vient de donner un cadeau, elle vient s'asseoir sur le mien, le visage rayonnant : «Oh, oui, je veux bien! Comme ça, je pourrai dormir dans ma tente la nuit et je n'aurai plus besoin de supporter tout ça…» ajoute-t-elle, en le pressant contre elle, comme une peluche. Sur ce, je décide de dormir habillé, bien heureux d'avoir allégé mon sac. Juste avant de se rendormir, Anne se tourne vers moi et chuchote : «Désolée, Hans-Peter, d'avoir été si désagréable avec toi aujourd'hui… Mais tu sais… c'est pas parce qu'on est pèlerin qu'on est forcément gentil, mais toi, tu l'es. » Je n'y peux rien, Anne, j'ai l'impression de la connaître depuis longtemps. Elle me fait penser à la mère de mon correspondant anglais d'Eastbourne, chez qui j'ai appris l'anglais, il y a vingt et un ans. Elle s'appelait Anne, elle aussi : même taille, même accent, des lunettes et des cheveux roux. Au début, elle était distante – jusqu'à ce que nous devenions de très bons amis. Nous avons correspondu pendant des années.

Vers dix heures, au moment précis où je m'endors, une voix forte et monocorde retentit dans le dortoir et des pas saccadés me réveillent. Ce n'est pas croyable, la mère supérieure passe de salle en salle, non pour nous souhaiter bonne nuit, mais tout bêtement pour compter ses brebis. Vais-je pouvoir me rendormir avec tout ce bruit ? On étouffe dans ce dortoir éclairé comme en plein jour, avec ces cinquante personnes qui sont censées dormir. Alors, bonne nuit !

Pensée du jour : Tous les objets sont utiles, on ne les transporte pas en vain.

18 juin – Santo Domingo de la Calzada

Il est quatre heures du matin et je n'ai pas fermé l'œil de la nuit. Mon corps me démange : quelque chose a dû me piquer.

La bonne sœur connaît maintenant le nombre exact de brebis qui ont été confiées à sa garde, et elle n'a certainement plus besoin de compter les moutons pour s'endormir ! Depuis sa stupide visite, dans le lit numéro 7, on n'a pas fermé l'œil. On étouffe. Que c'est dur de dormir dans la même pièce que sept autres personnes ! C'est épuisant de sentir et d'entendre le moindre mouvement. Là, il y en a un qui ronfle, ici, un autre parle dans son sommeil. Sans compter qu'avec la proximité des seules toilettes du dortoir, j'ai droit à un concert de chasses d'eau toutes les cinq minutes. Cela manque d'air. Dans mon guide, il est écrit que « l'auberge de pèlerins est un lieu de rencontre intense ». Tu parles !

J'essaie d'imaginer les sentiments de ceux qui partagent ma chambre, leurs soucis, leurs souhaits et leurs regrets. Réussir à s'endormir ici est une performance. Je ne sais pas comment faire. J'en peux plus.

Les auberges de pèlerins ont dû être conçues pour des gens vraiment fauchés. Difficile de trouver des vacances à un meilleur prix. Ma grand-mère avait raison : « Ce qui ne coûte rien n'a aucune valeur. »

Pour ne rien arranger, il fait froid. Je n'ai plus l'âge pour un endroit pareil. Déjà, enfant, j'avais horreur de dormir dans les auberges de jeunesse.

Pourquoi ça changerait vingt ans plus tard ? Je sens la colère monter.

Ces douches... ces chambres... ces toilettes ! C'est infect. Terminé ! Je vais dormir à l'hôtel. J'ai de quoi payer, et je n'ai pas envie de jouer au pauvre. Allez, mon vieux ! Réagis ! Debout !

Je ne vais pas attendre le lever du soleil : je saute du lit et rassemble mes affaires. Anne est l'une des seules à dormir à poings fermés. Je pars sans la saluer. Je cherche la sortie à travers le labyrinthe des couloirs du couvent, trouve la porte monumentale qui mène à la ville et la laisse bêtement claquer derrière moi. L'autre extrémité du couloir est fermée par une grille de fer forgé solidement cadenassée. J'ai oublié que je me trouvais dans un couvent de religieuses. L'entrée du cloître et le portail de la rue, devant et derrière moi, sont bouclés. Me voilà prisonnier dans ce couloir ! À quelques pas seulement de la rue.

J'espère que c'est une congrégation qui se lève tôt. Je n'ai pas dormi depuis sept heures du matin. Je suis à bout.

Personne ne me fera croire que Shirley MacLaine ait pu s'attarder une seule nuit dans un de ces *refugios*. Et si c'est le cas, elle a dû avoir un choc ! Juste en face, il y a une pension magnifique, mais impossible de mettre les voiles.

Merde ! À quelle heure vont-elles ouvrir la porte ? On se croirait dans une prison. Je suis curieux de savoir combien de temps je vais tenir. Je suis assis là, à grelotter, depuis deux heures maintenant.

À six heures tapantes, la geôlière me délivre enfin et me rend la liberté. Je fonce sans réfléchir à la pension d'en face et m'affale, exténué, dans un bon lit propre. Je dors jusqu'à onze heures.

Aujourd'hui, le soleil est impitoyable. Je décide de prendre un jour de repos. Ce serait idiot de sortir par ce cagnard. Je passe ma journée à me balader à l'ombre des ruelles et regrette de ne pas avoir dit au revoir à Anne.

Dans les rues de Santo Domingo de la Calzada.

En passant près d'une pharmacie, un miroir me renvoie l'image d'un type hirsute. J'ai une de ces dégaines ! Cela me fait rire. Une silhouette barbue avec un galurin en lambeaux. Pas étonnant qu'Anne se soit méfiée de moi ! Il faut au moins trouver un autre chapeau.

Je découvre à la sortie de la vieille ville un magasin qui pourrait faire l'affaire. Derrière les vitres de son bazar, un homme affable et assez âgé semble m'attendre depuis des années. Sans cesser de parler, il mesure mon tour de tête énorme et inhabituel : il n'y aura pas beaucoup de choix. Sur son conseil, je choisis un chapeau de coton vert à large rebord.

Le marchand me demande : « Vous pourriez peut-être me laisser l'ancien ? » La requête paraît singulière, mais il insiste. Je réplique : « Qu'allez-vous en faire ? »

Pour toute réponse, il lève les yeux au plafond : « Je collectionne les chapeaux des pèlerins. » J'en ai le souffle coupé. Au-dessus de moi pendent des centaines de vieilles casquettes, chapeaux, bonnets... Il me tend un feutre, pour que je signe le mien avec la date, car sinon, dit-il : « Il n'a pas de valeur. » « Vous voulez bien ? » J'appose gentiment ma signature et la date sur mon vieux couvre-chef, mais ne peux me retenir d'ajouter : « Je ne voudrais pas être prétentieux, mais ce n'est pas la première fois que je signe un autographe. Vous savez, en Allemagne je suis une sorte de star... Enfin ce n'est peut-être pas le bon terme... »

Il m'interrompt : « Ah bon, vous êtes célèbre ! Mais c'est formidable. Ma collection va s'enrichir. » Il examine aussitôt le chapeau et se réjouit comme un enfant de ma belle signature bien lisible : « Vous pouvez me croire, je vais montrer ce chapeau à tous les Allemands. Cette vieille casquette aura une place d'honneur ! » Le type n'étant pas seulement marchand de chapeaux mais aussi droguiste, il m'offre deux tubes de crème Yves Rocher. Au moment de quitter son magasin, il me rattrape : « Ce qui est marrant avec les

Allemands, c'est que vous avez tous une grosse tête. Vous pensez beaucoup trop, vous autres. Beaucoup trop. »

Il a raison, le vieux. Cette sacrée machine à idées n'a de cesse de vouloir tout gouverner : l'esprit, le cœur et l'estomac. Aujourd'hui, défense de penser. Place au cœur ! Je repars vers la cathédrale en attendant que le coq recommence à chanter.

Pendant la messe, comme tous les pèlerins j'embrasse une relique de saint Jérôme sans vraiment savoir pourquoi. Qu'importe ! Les Espagnols savent célébrer une messe. Néanmoins, le coq reste muet, ce matin.

Depuis mon départ, je suis attiré par les églises. Bien sûr, ce sont les seuls endroits frais, même s'il n'y a pas la climatisation. De plus, pendant la messe, j'améliore mon espagnol. Je ne comprends pas tout, mais j'en ressors plus savant.

Je suis sur le point de rentrer à l'hôtel quand une voiture me klaxonne. C'est le marchand de chapeaux... Il m'invite à boire une bouteille de Rioja. J'hésite. J'accepterais volontiers, mais j'ai peur que cela dure toute la nuit. Demain j'aimerais partir de bonne heure. Je préfère m'abstenir.

Le vieux monsieur semble un peu déçu et je commence à regretter mon refus. Pourquoi n'ai-je pas accepté ? J'en avais sacrément envie, pourtant. Encore une fois, c'est la tête qui a décidé toute seule.

Je m'assieds sur les marches de l'hôtel de ville, en face de la cathédrale, et j'observe le vol saccadé des pigeons pendant que le soleil se couche. Il y en a un tout blanc, qui danse seul à cause d'une patte cassée. Il ne peut pas suivre le rythme des autres. Je ne sais pas si les mots conviennent, mais avec ses mouvements désarticulés il a quelque chose de digne et grotesque à la fois. Il m'impressionne. À l'épicerie voisine, j'achète un peu de pain pour l'apprivoiser. Alors que tous les autres s'envolent, il s'approche de moi, confiant, et vient me manger dans la main.

Des champs de blé à perte de vue...

Puis il roucoule – rassasié. Il a compris qu'il devait me faire confiance pour survivre. Je crois deviner que ses congénères l'admirent et l'envient.

J'ai lu dans mon guide que Compostelle est un chemin vers la Révélation. Je n'en suis pas tout à fait certain. C'est comme quand on prend un congé sans être sûr de pouvoir vraiment se reposer. En bref, je n'espère pas mais j'y crois un peu quand même. La Révélation, c'est comme une porte à passer. Il ne faut pas avoir peur de la franchir, mais il ne faut pas non plus trop espérer y parvenir. Il ne faut pas trop attendre de ce qui est de l'autre côté et ne pas délaisser ce qu'on laisse sur le seuil. Pour passer rapidement de l'autre côté, il faut se détacher de tout, le plus possible. Peut-être qu'au fond, la joie de vivre, c'est le détachement. Je ricane : voilà que je philosophe, aujourd'hui !

J'étudie la carte du parcours de demain. Ça ne devrait pas être trop fatigant : pas beaucoup plus de sept heures et demie de marche…

Pensée du jour : Ouvre ton cœur et profite de ta journée.

21 juin – Castildelgado

Dès mon départ, à neuf heures du matin, il fait chaud comme dans un four. À l'horizon, le soleil fait briller les sommets enneigés des monts cantabriques. On dirait une vision céleste.

La terre est de plus en plus sèche. D'immenses champs

de blé doré, parsemés de collines vertes et orangées, s'étalent à perte de vue. Un vrai paysage idyllique.

Dans un bar de Grañon, je rencontre une Hollandaise typée, bien bâtie et blonde comme les blés. Elle commande d'emblée deux bières fraîches, vide la première d'un trait et sort pour déguster l'autre à l'ombre d'un parasol. « Je vous connais », me dit-elle en hollandais. C'est une langue que je comprends bien et, le plus sérieusement du monde, je lui demande : « D'où ? De la télé ? » Elle éclate de rire. Après avoir commandé deux autres bières, elle se présente : « Je m'appelle Larissa, je viens de Gouda et je vous connais depuis Saint-Jean-Pied-de-Port. Vous ne vous souvenez plus ? » Elle me connaît depuis Saint-Jean-Pied-de-Port ? Cela ne me dit rien. Elle me brandit en souriant son bâton de pèlerin. Je me souviens ! Nous avons acheté le même bâton en même temps. À la caisse, cela nous avait amusés d'avoir choisi le même modèle parmi les dizaines présentées. Elle est très contente de son bâton. « Vraiment de bonne qualité, vous ne trouvez pas ? » J'en conviens : il est parfait.

Larissa finit par m'offrir une bière et nous discutons. Son visage devient mélancolique quand elle me confie qu'elle en est à son deuxième pèlerinage.

En 1999, elle l'avait entrepris avec sa fille Michele, atteinte d'un cancer du sein à trente-deux ans.

Très croyantes, elles voulaient absolument effectuer ce pélerinage. Mais comme Michele ne pouvait rien porter, elles avaient acheté en France un âne du nom de Pierrot. Elles cheminèrent cahin-caha pendant deux semaines avec l'animal en direction de Saint-Jacques. Mais Michele dut interrompre le voyage : la tumeur lui faisait trop mal. Les deux femmes sont rentrées en urgence aux Pays-Bas et Michele est morte deux semaines plus tard.

Cette année, Larissa a repris leur périple là où elles s'étaient arrêtées en 1999. Elle est fermement décidée à faire la route jusqu'au bout, en souvenir de sa fille.

Spontanément, elle offre chaque journée de son pèlerinage à quelqu'un. Elle décide de m'offrir la journée du lendemain.

Après ce moment poignant, il est difficile de nous séparer. Mais Larissa tenant à cheminer seule, elle me laisse une avance de trois quarts d'heure.

Au moment de nous quitter, elle pose la main sur mon épaule et me confie : « On finit toujours par pleurer sur la Route. Le chemin nous rattrape tous à un moment ou à un autre. On se retrouve planté là et on pleure. Tu verras ! »

Quelques kilomètres plus loin, plusieurs possibilités s'offrent aux pèlerins : continuer à gauche en longeant la route ou prendre à droite un sentier qui se divise en deux. Aucune flèche jaune en vue et pas d'indication sur la carte. Ce n'est pas ma carrière scoute qui va beaucoup m'aider : je l'ai en effet abandonnée dès la première marche d'orientation. Et je n'aimais vraiment pas parader en uniforme.

Je suis dans les choux, au propre comme au figuré. Je finis par opter pour le sentier. Trois jeunes Espagnols, aussi paumés que moi, se traînent à ma suite. Le sentier en question s'arrête quelques kilomètres plus loin devant un champ de blé.

Les précédents pèlerins ont déjà tracé un chemin entre les épis. Que faire ? Cela doit forcément mener quelque part puisque visiblement personne n'est revenu sur ses pas. Je ne suis sûr de rien, pourtant. Il fait vraiment très chaud et je ne me vois pas rebroussant chemin sous ce soleil. Je continue pendant un kilomètre environ, puis plus rien. À perte de vue devant moi, un immense champ d'oignons. Je m'arrête. Derrière moi, les Espagnols désespèrent de mon sens de l'orientation et font marche arrière. Il n'y a plus de chemin. C'est sans doute à cet endroit que les pèlerins montent au ciel, sans laisser de traces. Mais personne n'a été béatifié aujourd'hui : je suppose que l'on ne m'attendait pas. Prudemment, je traverse le champ intact et parviens enfin à un village inconnu. Sur la petite route goudronnée, je retrouve par chance une flèche jaune. Je suis à nouveau dans la bonne direction.

Un paysan passablement éméché m'explique que je me suis également perdu sur le chemin principal. J'ai dû m'égarer avant même l'embranchement. Je pense soudain – c'est idiot, mais c'est vrai – que je n'ai pas aperçu un seul papillon ce matin. J'aurais dû y faire attention, comme aux chants des oiseaux. Cela peut paraître absurde, mais c'est la même chose avec les cigognes. Je n'en ai jamais vu autant de toute ma vie. Elles nichent sur les calvaires, qui bordent la route. Les cigognes et les croix, ensemble : la naissance et la mort enfin réconciliées. Faut-il croire que tout cela revient au même ?

Aujourd'hui, c'est le premier jour de l'été et la température affiche insolemment ses 35° en début de soirée, quand j'arrive à Castildelgado. Victoire ! Enfin en Castille.

Castildelgado est perdu au milieu de nulle part, en pleine pampa, à sept cent soixante-dix mètres d'altitude. Il n'y a pas d'auberge de pèlerins ici et je suis vraiment heureux de trouver un motel qui propose aux routiers une cuisine espagnole bien corsée. La localité se compose de cinq bâtiments, d'une église disproportionnée, d'un motel, d'une boîte de nuit avec des lampions roses, et de moissonneuses-batteuses.

Rien à visiter, à part des champs jaunâtres et des montagnes couvertes de neige. Ce qui me plaît, c'est qu'on parle enfin l'espagnol, que j'ai appris à l'école : le castillan. En jetant un coup d'œil sur l'église, j'aperçois une grand-mère qui ouvre les portes. Je me dépêche car c'est la seule curiosité de l'endroit.

Devant l'église, la vieille s'étonne. Bien peu de pèlerins viennent se perdre par ici. C'est vraiment dommage, car les quelques habitants sont accueillants. Cela la réjouit que je veuille visiter l'église et elle m'accompagne à l'intérieur. Notre visite se termine devant l'autel où la vieille dame me propose de s'asseoir dans la fraîcheur des stalles. Cinq vieilles femmes et un vieux monsieur entrent dans l'église à leur tour.

La plus âgée récite son chapelet. La mélopée monotone a immédiatement un effet apaisant et la répétition sans fin du lamento m'apaise. Je me mets à prier tandis que je psalmodie avec elle, et je ne peux m'empêcher de penser à Larissa.

Après la prière, nous nous retrouvons sur la place. On m'accueille sans remarquer que je suis étranger : ils me prennent pour un Espagnol. Du coup, j'ai l'impression d'être comme à la maison. Sans doute ces braves gens n'ont-ils pas une très bonne oreille.

Plus je marche sur ce chemin, plus j'ai ce sentiment d'être un autre. Je ne sais pas comment le dire, exactement. Je me sens bien. De moins en moins étranger à moi-même.

En me rapprochant de Saint-Jacques, j'ai l'impression de mieux me connaître, c'est évident. J'aurais pu reprendre la route, mais je préfère épargner mes forces. Je suis très fier, je n'ai plus aucune ampoule aux pieds.

En revanche mon biorythme n'est pas bon. Au motel, j'ai fait un test dans une de ces machines automatiques. Pas d'amélioration à espérer dans les six prochains jours !

Pensée du jour : Je suis bien dans ma peau.

22 juin – Belorado, Tosantos et Villafranca

J'ai déjà parcouru seize kilomètres. À mon arrivée à Tosantos, je m'endors sur une minuscule *plaza*, mes gros orteils rougis plongés dans l'eau de la fontaine.

Je suis parti à sept heures du matin. Il vaut mieux attaquer très tôt : le soleil tape moins fort et on avance avec plus d'entrain que l'après-midi. Dans sept kilomètres, je serai à Villafranca.

La journée a été riche en péripéties. Peu avant Belorado, un pèlerin madrilène un peu plus jeune que moi, Victor, m'a rattrapé. Ce type m'a fait l'effet d'un expert, pas d'un pèlerin du dimanche comme moi. Il progresse à une rapidité folle, en appui sur deux bâtons *Nordic Walking*. Nous avançons côte à côte pendant un moment et nous prenons un deuxième petit déjeuner à l'orée d'un bois, près d'un moulin. Victor est plein d'un humour incisif et termine une phrase sur deux par un jeu de mots. Nous sympathi-

Les fontaines du village, idéales pour les pieds du pélerin.

sons rapidement. Il me raconte en riant qu'il réalise un rêve d'enfant en faisant ce pèlerinage.

Nous décidons de continuer ensemble. Sans nous en rendre compte, nous avalons quatre kilomètres sans cesser de plaisanter. Mon espagnol s'améliorant de jour en jour, je comprends quasiment tout ce que Victor raconte et je parviens même à répondre subtilement.

Mais notre conversation prend bientôt un autre tour : « Marié ? » me demande-t-il au détour d'une phrase. Marié ? J'élude la question. Mais il insiste, les questions deviennent très personnelles, intimes, indiscrètes. Il ne se dévoile pas, il est trop macho pour ça. J'ai l'impression que Victor essaie de me séduire, qu'il cherche une aventure. Il se trompe de lieu et de moment. Il m'est aussi impossible de répondre à ses avances que de suivre son pas, de plus en plus rapide. Il a des mollets de bœuf super entraîné et est nettement plus sportif que moi. S'il continue à ce rythme d'athlète, je vais tomber et me casser la figure. Je préfère arrêter et lui avouer : « Excuse-moi, Victor, je ne peux pas suivre. Tu es trop rapide pour moi. » Il est refroidi par mon regard et fait mine de comprendre. Il me tend la main en me promettant de m'attendre au dîner à Villafranca, ce soir. Je sais qu'il n'y sera pas. On ne repousse pas comme cela les avances d'un fier hidalgo.

À l'étape suivante, je m'assieds sur un banc, les pieds dans la fontaine que la municipalité a dédiée au général Franco. L'eau de la fontaine l'ignore superbement et continue à jaillir, fraîche et limpide. J'aimerais bien dormir encore une heure, mais je veux atteindre Villafranca. Avec effort, je replonge dans la fournaise.

À Espinoza, dans une petite auberge de campagne, Stefano se joint à moi. C'est un monsieur assez âgé, très chic avec sa tenue de pèlerin haute couture. Nous reprenons la route ensemble. Son castillan est parfait, j'ai néanmoins l'impression d'y reconnaître un léger accent italien, plutôt du Nord. « D'où es-tu ? » Il me met au défi de deviner. « Tu ne dois pas être suédois, c'est sûr. Tu viens d'Italie du Nord, du Piémont ou de Lombardie. » Stefano est visiblement vexé que j'aie si vite repéré son origine. Il avoue être de Milan, cela me donne l'occasion de parler l'italien, que je maîtrise mieux que l'espagnol.

Il est ingénieur en télécommunications. L'année dernière, il a fait la Via Francigena, qui va de Piacenza à Rome : six cents kilomètres environ. J'y penserai pour un prochain pèlerinage. Stefano est très sympathique mais un peu arrogant. Bien qu'il ait remarqué que je parle bien mieux italien, il continue en espagnol. Il est fort satisfait de s'exprimer mieux que moi. Imperturbable, je lui réponds en italien. À plusieurs reprises, je lui propose de parler sa langue maternelle, mais il s'exécute de fort mauvaise grâce. Il en devient beaucoup moins intéressant. Son discours est ampoulé, plein de phrases toutes faites, très ingénieur en télécommunications. Il aimerait savoir pourquoi je ne suis toujours pas marié à mon âge. Il trouve cela étrange pour un catholique. Moi, ce sont les donneurs de leçons que je ne trouve pas très catholiques. Sans transition, il me recommande sa propre fille, célibataire comme moi. Qu'est-ce qui arrive aujourd'hui à mes compagnons de route ? On se croirait dans un bazar.

C'était pourtant agréable de parler italien, mais je préfère laisser Stefano me devancer et gagner l'étape d'aujourd'hui contre son futur gendre.

Je suis presque à Villafranca. La ville est tapie au fond d'une vallée pittoresque, couverte de maisons aux murs blancs et aux toitures de toutes les couleurs. Mais en me rapprochant, je déchante. Villafranca n'est qu'un mirage brillant dans un trou gris et paumé. Elle possède plus ou moins le charme d'une cité minière belge.

Je suis déçu de ne pas avoir encore trouvé de véritable ami sur cette route. Cela m'aurait aidé à supporter la tristesse du lieu. Mais ça ne me dérange pas non plus de faire des rencontres de hasard et de passer rapidement dans la vie des autres.

Je me demande si je vais atteindre Saint-Jacques. Le chemin est pénible, ce n'est pas une simple promenade. Qu'est-ce que cela changera à ma vie, si je réussis ? J'espère peut-être trop. Encore une fois, je dois apprendre le détachement, pour ne pas être déçu.

Je réussis à me loger dans une petite pension pour routiers au mobilier dépareillé… Un vrai rêve de brocanteur. En bonne caricature d'Allemand, ce qui compte le plus pour moi, c'est la propreté. Dans la cour, au milieu d'un grand terrain caillouteux, il y a l'unique cabine téléphonique du coin.

À contrecœur, je vais jusqu'au *refugio* pour faire tamponner mon passeport. Il y a quelques centaines d'années, c'est là que les pèlerins rassemblaient leurs forces avant d'affronter les montagnes de la Oca qui fourmillaient de brigands. Aujourd'hui, l'endroit est bordé par la nationale : c'est affreux. Un bulldozer serait bienvenu, les fenêtres ne tiennent qu'à un fil et les vitres brisées sont colmatées avec du carton. Bien entendu, pas de trace de Victor. Il a dû filer sans m'attendre. Une trentaine de lits métalliques sont alignés dans des dortoirs douteux, entièrement recouverts de carrelage, comme dans une clinique… Tout le charme d'un abattoir.

Je comprends pourquoi j'évite les *refugios*. Le lieu où je dors est très important pour moi. C'est peut-être une préoccupation matérielle et futile, mais tout le monde sait qu'il faut dormir pour récupérer de sa journée. Je décide d'en rester là. Les auberges de pèlerins, ce n'est pas pour moi et encore moins par cette chaleur accablante.

J'aperçois Stefano, mon futur beau-père, qui déambule comme s'il était dans la suite présidentielle d'un grand hôtel milanais. Il m'accueille à bras ouverts.

«C'est horrible, ici ! Tu ne trouves pas ?» me dit-il en espagnol. Pour simplifier, je lui réponds dans la même langue car le va-et-vient entre italien et espagnol me fatigue. «Horrible ! Mais pourquoi dors-tu ici ? Moi, j'ai trouvé une pension à l'entrée du village pour trente euros, c'est grandiose.» Je lui annonce fièrement que j'ai trois toilettes, deux douches et un séjour pour moi tout seul.

Il demande immédiatement à voir ma chambre. Comme beaucoup de Milanais, il a le sens de l'économie et espère sans doute passer une nuit gratis. De crainte qu'il ne s'installe chez moi, je précise : «Tu sais, ils ont encore plein de chambres libres.» En réalité, il plaisante. Il veut simplement savoir si je ronfle la nuit – pour en informer ma future fiancée.

Quoi qu'il en soit, les conditions de logement dans ces auberges sont inacceptables. Comment se fait-il que les pèlerins, qui sont souvent aisés, acceptent de descendre dans des endroits aussi minables ? Sans compter qu'il n'est pas rare de s'y faire engueuler. Vraiment, je ne comprends pas. Il est déjà suffisamment pénible de marcher vingt kilomètres sous un soleil de plomb et dans la poussière. Certes, on trouve ici et là des auberges tenues par des gens très sympathiques, comme à Navarette, mais c'est quand même très rare.

Un vieux couple d'Américains, visiblement fortunés, arrive justement dans ce bouge. En comparaison, un foyer pour sans-abri ferait figure de trois étoiles. Un seul WC et une seule douche pour trente personnes ! C'est répugnant. Voilà donc des gens aisés qui non seulement s'épuisent pendant toute la journée mais en plus jouent aux pauvres le soir ! Plusieurs fois, j'ai croisé de grosses Américaines de cinquante ans qui faisaient leurs quarante kilomètres quotidiens sous un soleil de plomb et acceptaient sans râler de dormir dans les *refugios*. Faut-il qu'elles aient vraiment beaucoup à se faire pardonner ! Ou alors veulent-elles tout simplement être contentes de rentrer chez elles – après ces dégoûtantes expériences. Moi-même, je pense à la maison avec délectation.

Stefano m'accompagne à mon hôtel. Il est enthousiaste, cela fait des semaines qu'il n'a pas vu de pièces aux normes européennes. Pourtant, sans s'expliquer plus que cela, il préfère rester au *refugio*. J'en suis bouche bée. Nous dînons ensemble à l'hôtel. Je n'ai vraiment pas envie de me retrouver tout seul ce soir et j'ai rencontré des gens bien moins sympathiques que Stefano. Le restaurant propose une cuisine « typique » qui nous rappelle la cuisine italienne. Nous sommes nostalgiques. Après dîner, Stefano veut appeler sa fille, mais le professionnel des télécommunications n'a pas de portable. Il faut marcher jusqu'à la fameuse cabine téléphonique qui entre-temps a disparu au milieu d'une vingtaine de poids lourds. Leurs moteurs tournent à l'arrêt, polluant affreusement, dans un vacarme insoutenable. Nous finissons par accéder à la cabine, mais le bruit ambiant empêche toute conversation. Stefano se met à courir d'un routier à l'autre pour réclamer le silence. En pensant que ce type a passé toute sa vie dans les télécommunications, je suis près d'éclater de rire.

Mais les chauffeurs routiers n'envisagent pas vraiment de couper le contact. La plupart transportent des marchandises réfrigérées. Stefano n'a pas réussi à joindre ma future femme et rentre, furieux, se jeter sur sa paillasse. Quant à moi, mon charmant hôtel menace de se transformer en cauchemar sonore. Je me bouche les oreilles avec du papier toilette et essaie d'oublier les vingt camions réfrigérants. Je suis sûrement le seul pèlerin à séjourner dans cette pension. Stefano veut gagner Burgos dès demain : trente-six kilomètres de marche. Il ne veut pas s'arrêter à San Juan de Ortega, car il n'y a aucun logement digne de ce nom. Je serais bien tenté de l'imiter, mais la distance est trop importante pour moi. Il fait trop chaud, je n'y arriverai pas. Dans ma chambre, je fais ma lessive dans la baignoire. L'air est tellement chaud que tout est sec en trois quarts d'heure.

Pensée du jour : Ce sont nos petits défauts et nos grandes fautes qui nous rendent humains. Sinon, nous serions déjà tous des dieux.

24 juin – Burgos, Tadajos

Hier matin, à Villafranca, la brume ne veut pas se lever et il fait très froid. Je suis trop épuisé pour faire le moindre pas. Pas question d'émettre une idée claire ou de songer à écrire une ligne.

La nuit a été abominable. Les chauffeurs des camions frigorifiques ont laissé tourner leurs moteurs sans interruption. J'ai rêvé de Stefano, des camions et de sa fille. J'ai rêvé que l'Univers s'élargissait et se rétrécissait en même temps, comme si une Coccinelle Volkswagen se changeait en un petit poids lourd. C'est absurde. Quand je suis descendu au bar, tous les chauffeurs étaient attablés devant un copieux petit déjeuner à l'huile.

Les voix couvrent un téléviseur solitaire qui hurle. Cela gueule à tue-tête, cela fume, certains vident déjà leur gros rouge. S'ils savaient que je suis le seul à connaître la taille réelle de leurs camions : ils sont tout petits ! Minuscules ! Je délire. Je commande un café et une part de gâteau et je sors manger sur le trottoir, faute de place. Les moteurs des camions sont plus discrets que leurs chauffeurs.

Un ange blond aux cheveux courts et aux yeux bleus apparaît juste à ce moment. Il me sourit d'un air complice. Depuis deux semaines, je m'entraîne à découvrir la nationalité des pèlerins et je suis sûr que cette créature est suédoise. En effet, son irréprochable anglais est teinté d'un adorable accent suédois. Elle pénètre sans façon dans l'antre des routiers : « Ils servent des petits-déjeuners, ici ? » Je la suis et commande un autre café au lait. Au comptoir, elle tente dans un anglais toujours aussi parfait de passer commande, mais en vain. L'aubergiste, mal rasé, trempé de sueur, n'a jamais vu une telle apparition. Il en reste coi. Il la regarde, sans comprendre qu'elle veut tout simplement un petit déjeuner. La voix de la jeune fille se fait plus pressante : « Est-ce que je pourrais déjeuner dehors ? Peut-on installer une table ? » Elle me désigne du doigt, en ajoutant : « Avec une jolie nappe blanche ? » L'aubergiste ne fait pas seulement semblant de ne rien comprendre, il ne comprend réellement rien. Cette créature éthérée est descendue directement du ciel dans l'enfer des chauffeurs routiers espagnols. Elle insiste et commence à déplacer une table. Mais l'aubergiste se met à gesticuler : les tables doivent rester à l'intérieur. Ma traduction rapide n'y change rien. Elle se résigne, prend son plateau, me tend le mien et sort s'asseoir sur le trottoir. Nous éclatons de rire.

Tout en plaisantant, la Suédoise découvre mon insigne de pèlerin et me demande :

« Et toi, qu'est-ce qui t'est arrivé de fantastique sur cette route ?

— Moi, rien, rien… »

Prise de doute, elle ajoute :

« Je ne te crois pas, il t'est sûrement arrivé quelque chose. Il nous arrive à tous quelque chose. »

Alors, je me souviens :

« Si, si, attends… Sais-tu que l'Univers augmente et rétrécit en même temps ? »

Elle éclate de rire :

« Qu'est-ce que tu es drôle ! »

Je réponds :

« Oh, I know[1] ! »

Elle se lève et m'envoie un baiser symbolique : « Si c'est comme ça, je me dépêche. Je vais vérifier si mon amie est toujours à la bonne taille. »

Je me traîne jusqu'à l'arrêt de bus pour Burgos. Et, cette fois-ci, je ne ressens aucune culpabilité. Le bus traverse une immense zone industrielle. Les pâturages à moutons ont définitivement disparu. À Burgos, je choisis le meilleur hôtel de l'endroit, à l'entrée de la vieille ville, en face de la porte médiévale. Un décor fantastique digne d'un film de Robin des Bois. Je passe la moitié de la journée dans la cathédrale gothique et dans son musée. Impossible de tout voir. En sortant je croise un clone de Woody Allen, un prédicateur à lunettes au visage émacié. Il est membre de Corpus Christi, une espèce de secte qui repère les pécheurs et les confesse à tour de bras. Une véritable escroquerie ! C'est effrayant le fric qu'on peut faire avec la crédulité des gens. Mais aujourd'hui, les gesticulations du bateleur, ses hurlements dans nos oreilles, l'histoire de Zachée le collecteur d'impôts laissent tout le monde indifférent.

Pour la première fois, j'achète mon journal allemand préféré, le *Süddeutsche Zeitung*. Assis à l'ombre sur les bords de l'Arlanzón, je prends des nouvelles de ma patrie. Cela réchauffe le cœur. Lors d'une conférence de presse du SPD, Franz Müntefering a réclamé que les hommes politiques affichent publiquement leur homosexualité. Pour lui, les homosexuels peuvent occuper n'importe quelle fonction, « même celle de pape ».

J'éclate de rire. Pourtant, en lisant les réactions de la CSU, je sens monter ma colère. Pour eux, cette déclaration est une insulte au pape. La CSU n'est pas hostile à l'homo-

1. En anglais dans le texte.

sexualité mais prétend qu'il s'agit d'une affaire de vie privée. Je n'ai pas bien compris ? La sexualité, une simple affaire de vie privée ? Depuis quand ?

Le mariage est-il une affaire de vie privée ? C'est bien une manière de reconnaître officiellement sa sexualité. En se mariant, on annonce à tout le monde que l'on couche ensemble. Officiellement il n'y a là rien de privé.

La CSU n'est pas encore sur la liste noire d'Amnesty International. Mais il resterait de la place pour elle sur une liste grise – si elle existait.

La manière dont l'Église catholique passe sous silence l'homosexualité, entre autres, est pour moi inacceptable. Tout cela est imprégné d'un moralisme scandaleux. Je soutiens que moi et mon penchant naturel, nous sommes en harmonie avec le monde. Pourquoi devrais-je passer pour un anormal ? Parce qu'un Dieu catholique aurait décidé de me marginaliser avec des millions d'autres. L'Église croit-elle vraiment que Dieu est aussi pusillanime ? Pour vouloir exclure les autres, il faut vraiment être mal dans sa peau. Il n'y a qu'un mot pour cela : ridicule !

J'espère qu'il y aura un jour un pape qui comprendra que la Bonne Nouvelle est un contrat en blanc laissé à l'appréciation de chacun d'entre nous. Il y a un parallèle amusant entre lea communauté homosexuelle et l'Église catholique : la stricte séparation des sexes à l'intérieur de chacune.

Toute pensée contraignante est inhumaine et perverse. Ceux qui veulent l'humanité et la paix doivent par principe expressément condamner cette forme de totalitarisme.

Ça y est, je m'emporte. C'est le premier et dernier journal allemand que j'achète pendant ce pèlerinage.

J'avais oublié, hier, c'était ma fête : la Saint-Jean[1]. Le patron de Burgos est célébré avec éclat. La ville n'est plus

1. Hans est l'équivalent allemand de Jean.

Quiétude vespérale.

qu'un immense brasier illuminé par des milliers de torches. On a prévu un feu d'artifice, un peu plus tard. Je ne pourrai pas en profiter, car je n'arrive pas à remonter les stores de ma chambre. Ils sont bloqués. J'ai fini par m'écorcher les doigts à force de tirer dessus. Le feu d'artifice, c'est comme la Révélation, il faut peut-être d'abord remonter les stores pour en profiter.

Ce matin, le soleil frappe le sol desséché et craquelé, impitoyablement. Il est 11 h 30, trop tard pour quitter Burgos. Cela ressemble un peu à la Hollande, sauf que cette Hollande-là est à deux doigts de s'embraser. J'ai laissé de côté mes mauvaises pensées, je suis assez occupé à porter mon sac. De toute façon, il n'y a rien d'autre à faire que supporter la canicule, la poussière, la fatigue et la soif. Après onze kilomètres desséchants, j'arrive à Tardajos. Je compte y rester. En plus, il y a un *refugio* sympathique restauré par une dame âgée. C'est un vrai bijou : les lits sont refaits tous les matins et il n'y a pas plus de quatre personnes par chambre. J'en ai même une pour moi tout seul. Demain, il y a encore vingt kilomètres de marche. C'est ma distance maximale en ce moment.

Pensée du jour librement tiré de Lore Lorenz : Ma colère est jeune.

25 juin – Hornillos del Camino et Hontanas

Ce matin, j'ai du mal à quitter le *Ruiz*, le bar de Tardajos. Il s'en est fallu de peu que je reste. La chaleur et la poussière me pèsent, avant même d'avoir commencé. J'ai pourtant très bien dormi dans la maison de la vieille señora, mais je suis épuisé quand même et cela me met de mauvaise humeur. Je suis à deux doigts de tout arrêter et de planter là ce fichu pèlerinage !

Tandis que je rumine ces sombres pensées, je lis sur le tee-shirt du serveur : « Keep on runing ! » : « Continue à courir ! » C'est encore un truc du syndicat d'initiative, et moi, pèlerin naïf, je tombe dedans à pieds joints. J'avale mon café, emballe mes provisions et me mets en route immédiatement. « Continue à courir ! » Finalement, on y arrive, physiquement. Je remarque cependant qu'un pèlerinage se fait seul ou, du moins, ça se commence seul. Je rencontre souvent des couples qui se querellent ou des gens qui m'avouent avoir quitté leurs amis en cours de route. Beaucoup n'arrivent pas à marcher au même rythme et décident spontanément de continuer séparément. C'est sans doute pourquoi les pèlerins au long cours sont presque toujours seuls. On ne voit presque jamais de groupe. Difficile de trouver quelqu'un qui marche au même rythme que soi. Moi, par exemple, avec mon pas de valse lente, je n'ai aucune chance de danser avec un amateur de flamenco.

Bien sûr, je pourrais rentrer chez moi dès aujourd'hui, inviter des amis, les saouler d'anecdotes, et ce serait très bien. Mais j'ai décidé d'aller jusqu'au bout, sans compter que je finis toujours ce que j'ai commencé. Et puis j'ai trop envie de savoir si cette Route va me changer et ce qu'elle va changer. Alors : « Continue de courir ! »

Tous les jours, on recommence à zéro. En réalité, il ne s'agit pas d'un voyage, mais d'une succession de petits voyages. À chaque fois, il faut être à fond. Le défi que ce chemin lance chaque jour au pèlerin, j'en suis maintenant certain, c'est d'être lui-même profondément. Ni plus, ni moins. Cela semble facile, mais c'est dur à mettre en pratique. Le chemin m'a au moins appris une chose importante : à rechercher au-delà de nos différences ce qui me rapproche des autres pèlerins. Nous avons tous le même but, bien sûr, mais il faut venir ici pour découvrir ce que c'est que la fraternité. Chacun fait ce qu'il peut. J'ai l'impression de construire sur ce chemin une sorte de château de cartes spirituel. Chaque carte rend mon château plus impressionnant mais aussi plus fragile. Quand j'ai commencé, j'avais l'impression d'être aidé et soutenu. Aujourd'hui, je suis seul face à moi-même. Mon château tient toujours, mais qui sait ? Peut-être que le Créateur, là-haut, décidera un jour de le disperser d'un souffle. Et tout s'écroulera, tout ce en quoi j'ai cru. Ma foi ressemble à ces cartes naïves du Moyen Âge : la terre est plate et certains continents manquent.

Après avoir traversé, pendant trois heures et sans m'arrêter, des petits villages médiévaux et des champs de blé, je fais une longue pause à Hornillos del Camino. Puis, je repars pour deux heures de marche supplémentaire. Un paysage désolé, presque fantomatique, me mène jusqu'à un plateau aride. Pas une ombre à la ronde, sous le soleil de plomb. Puis, au milieu de la steppe, j'aperçois un ruisseau qui conduit à une petite oasis. Une gigantesque croix de

Saint-Jean domine une espèce de mosquée. C'est le *refugio* de San Bol.

Mon ange suédois de Villafranca m'y a précédé, accompagné de son amie scandinave. Elles se délassent les jambes dans l'eau du ruisseau et m'invitent à les imiter. C'est amusant, je n'ai de vrais contacts qu'avec des femmes. Il faut dire qu'elles sont beaucoup plus nombreuses. La plupart des types comme moi doivent passer pour des originaux ou des excentriques.

L'ange blond s'appelle Evi et son amie Tina. Nous parlons peu et nous rêvassons, bercés par le chant des oiseaux, quand une Brésilienne vêtue de mille couleurs se joint à nous. J'ai pour habitude de fuir les Sud-Américaines. Il n'y a pas que les pères italiens qui cherchent un mari pour leurs filles ; d'autres cherchent pour elles-mêmes.

La présence des deux Suédoises devrait lui faire comprendre que je suis déjà bien occupé. Son exubérance agace rapidement Evi et Tina. Je lance la seule phrase en portugais que je connaisse : « Je ne parle pas portugais. » C'était exactement ce qu'il ne fallait pas dire, elle repart de plus belle. Je la regarde bêtement, sans comprendre un mot.

Evi et Tina quittent l'oasis, elles s'imaginent sans doute que je drague. J'aimerais les suivre, mais je suis encore trop fatigué. Du coup la Brésilienne s'accroche et me raconte une histoire passionnante, à laquelle je ne comprends rien. Toutes les péripéties du pèlerinage doivent y passer. Sans attendre de réponse, elle enchaîne sur un rythme endiablé. Et moi, je manque tout cela parce que j'ai opté pour l'espagnol au bac. Muchas gracias ! Mon manque de réaction finit par la chasser. Je décide alors de dormir pour la première fois en plein air. Je me couche en pleine pampa et m'endors.

Le chemin vers Hontanas longe de nombreux chantiers. Les routes sont éventrées. À l'image de mes sentiments : ici j'arrache, je creuse. Là, j'essaie de construire.

En début de soirée, j'arrive à Hontanas, localité inaccessible aux voitures. Je n'aurais jamais cru que cela puisse exister en Europe : les habitants doivent se garer à bonne distance et rejoindre le village par un sentier médiéval parsemé de crottin. Il règne une paix totale dans ce trou perdu. Ça sent le cheval, l'air est à la fois pur et irrespirable.

Mon guide me déconseille le seul hôtel de l'endroit. Rien qu'à la silhouette, il a raison ! Je franchis la porte de ce bouge et j'ai l'impression d'être une nouvelle fois catapulté au fin fond du Moyen Âge – dans un monde à la Jérôme Bosch.

Un petit hôtelier grassouillet qui sent la sueur, un tablier graisseux ficelé autour de la taille, se dandine entre de grandes tables de bois sombre, où sont assis des indigènes éméchés et des pèlerins fatigués. Il se faufile à travers la salle obscure jusqu'à une cheminée, dans laquelle s'entassent les poubelles. Il met sur sa tête une sorte de bouteille de vin en forme d'arrosoir qu'il renverse et dont il avale le contenu par le nez tout en chantant. Pittoresque et dégoûtant !

Sa performance réussie, Vitorio me propose une chambre au rez-de-chaussée. Six matelas à demi pourris sont jetés sur le sol. Une fenêtre grande comme un œil-de-bœuf et quatre couvertures militaires mangées par les mites forment le décor biblique de cette bergerie. Il ne manque plus que la mangeoire. Certes, le Christ est né dans un endroit comparable, mais moi je n'y passerai pas la nuit. S'il faut coucher à la dure, alors je vais coucher dehors. La nuit promet d'être chaude et j'annonce à Vitorio que je dormirai à la belle étoile. Il refuse et me présente une deuxième chambre qui coûte plus cher. Le double de trois fois rien, ce n'est pas grand-chose. Je visite la pièce qui porte le titre pompeux de chambre et j'imagine une suite présidentielle au *Savoy* de Milan.

Le lit est étonnamment propre et il semble que personne n'y ait dormi depuis plusieurs années. On dirait que la femme de l'hôtelier a rangé cette chambre, une dernière fois, avant de mourir. Sur la table de nuit, une bouteille d'ambre solaire anglaise dont la date de péremption est dépassée de quatre ans – et un ticket d'entrée du musée diocésain de Burgos datant de 1998. Je fais comprendre à Vitorio que j'accepte et je retourne dans la salle de restaurant.

Mes deux Suédoises sont déjà assises dans la pénombre, paralysées de dégoût devant une viande indéfinissable posée sur une assiette grasse. Je m'attable avec elles. Evi me dit : « Regarde, ce qu'il nous a servi. Je suppose que c'est du *carne con pimientos*, de la viande pimentée. Je n'y toucherai pas. » Tina et moi observons les petits morceaux bruns dans l'assiette. C'est si répugnant que nous éclatons de rire.

Je n'ai jamais rien vu d'aussi écœurant auparavant, même dans une écuelle pour chien. Evi hoquette finalement : « Allons voir ailleurs. »

Nos rires redoublent. Tina et moi ne pouvons plus nous contrôler, nous nous tordons : « Tu lui dis ou c'est moi ? » Mais ni elle ni moi n'arrivons à produire un son intelligible. Evi ne comprend pas : « Me dire quoi ? » Je hurle : « Il n'y a pas d'autre endroit. » Nous sommes effondrés.

Vitorio interprète tout cela comme de la bonne humeur et demande si nous voulons commander autre chose. Nous voilà repartis à rire de plus belle. Puis Tina fait une proposition, qui nous semble pertinente : « Commandons toute la carte, il y a bien quelque chose de comestible. » Pour chaque plat, nous prenons trois assiettes, que nous lavons avec l'eau de notre verre et commandons une bouteille de whisky pour nous immuniser. Chaque plat offre toujours le même aspect dégoûtant. Les assiettes n'ont jamais vu de liquide vaisselle. Tina et moi sommes les premiers à vaincre notre écœurement. Nous avons fait trente kilomètres tous les trois et nous avons terriblement faim. En fait, c'est meilleur qu'il n'y paraît, même si l'odeur est curieuse. On peut presque reconnaître les œufs sur le plat : ils sont les bienvenus.

Quant au whisky, il nous étourdit et nous stimule. Nous avalons bravement chaque bouchée sans trop la mâcher, quand, d'un coup de coude, Evi me prévient : « Regarde qui vient te voir ! »

C'est la Brésilienne. Elle m'a repéré de loin et s'avance en parlant fort. D'un geste, elle pousse Tina et s'assoit à côté de moi. Puis elle s'arrête en regardant avec suspicion et dégoût nos assiettes sales. Pour elle, c'est rudement important, car elle meurt de faim. Elle prend mon avis sur le menu et se contente de mes faibles compétences linguistiques. Le whisky aidant, je comprends parfaitement son portugais pour débutant et lui réponds en italien : « Prends les œufs sur le plat. » La bouteille à moitié vide l'intrigue. Je lui assure en balbutiant que nous ne sommes pas des alcooliques et qu'elle peut vider mon double whisky – ce qu'elle fait d'un trait. Claudia – car c'est ainsi que se nomme la belle et brune Carioca – commence lentement à comprendre que nous nous trouvons dans un restaurant oublié par les guides gastronomiques. Elle décide de faire un tour à la cuisine pour voir ce que le chef prépare. Elle revient plus pâle que la mort et murmure : « Dégoûtant, dégoûtant… »

Au moment où Vitorio lui apporte sa peu appétissante tambouille, Claudia lui lance son assiette au visage avec une bordée d'injures. Vitorio la rattrape de justesse et ne répond rien. J'ai presque un peu de peine. Nous supplions Claudia de se calmer, mais elle braille que, jamais de sa vie, on ne lui a servi une telle horreur.

Pour se racheter, Vitorio nous apporte des bananes au whisky. Lui aussi doit nous prendre pour des alcooliques. Même Claudia goûte un peu de cette nouvelle « recette maison ». L'atmosphère se détend. Vitorio refait même son numéro avec la bouteille. Claudia s'est calmée. Elle se console peu après avec Mirjo, un jeune Slovène qu'elle invite à notre table et à qui nous dévoilons les secrets culinaires du chef. Au crépuscule, je les raccompagne tous les quatre au *refugio* restauré avec amour. Sonia, l'amie de Claudia, fait la tête ; elle attend sur un banc depuis des heures et disparaît rapidement dans le refuge en l'engueulant. Les Brésiliens ont vraiment du tempérament. Claudia n'a plus du tout envie d'aller se coucher et nous restons un bon moment sous les étoiles. La voilà repartie à pérorer en portugais, et le plus drôle, c'est que je réussis à peu près à comprendre. Elle n'a même plus besoin de parler lentement.

La belle Sud-Américaine doit avoir mon âge. Le Chemin, c'est leur grande agence matrimoniale. Beaucoup de parents respectables y envoient leur fille, dans l'espoir qu'elles en ramènent un mari.

J'ose espérer que Claudia ne m'a pas inscrit sur ses tablettes. Sur ce chemin, on trouve beaucoup de Latinos, surtout des Chiliens, des Argentins, des Mexicains et des Brésiliens. Ces derniers sont de loin les plus drôles. Claudia m'interroge sur les moments les plus « magiques » de mon pèlerinage. Je lui réponds que je peux difficilement associer le mot « magique » au Chemin de Compostelle.

Puis elle me raconte à nouveau l'histoire de cet après-midi, cette fois-ci plus lentement : elle a ramassé un moineau à moitié mort sur la route et l'a porté pendant cinq kilomètres jusqu'à un bosquet ombragé. Elle l'a lavé et quelques heures plus tard il pouvait s'envoler.

Voilà une bien belle histoire avant d'aller dormir. C'est ainsi que j'abandonne la belle Claudia de Rio de Janeiro à la nuit tiède. En rentrant dans le bouge de Vitorio, je me demande où se trouvent en ce moment tous les gens que j'ai rencontrés sur ce chemin : Antonio, Larissa, Stefano, Victor et Anne. Les gens apparaissent puis disparaissent. Peut-être reverrai-je Claudia demain ?

Pensée du jour : continuer à courir ! Je tiens le coup bien mieux que je ne l'aurais imaginé.

26 juin – Castrojeriz et Fromista

Vitorio a fait la fête toute la nuit avec deux amis éméchés. Pour plus de sécurité, j'ai fermé le verrou. J'ai bien dormi et, à 6 h 30, j'ai décampé.

Avant de partir, le petit Vitorio aurait bien voulu me préparer un café. Mais j'ai refusé les petits gâteaux posés sur le bar graisseux, entre deux bouteilles de bière puantes, au moment où il apportait au chat une assiette sale avec un truc bizarre dedans.

Lentement mais sûrement, cette crasse et cette poussière me prennent à la gorge. Je suis chauvin, je sais, mais j'ai envie de crier : Vive la propreté allemande !

Je me dépêche de quitter l'établissement pour ne pas vomir. La perspective d'un vrai petit déjeuner à deux heures d'ici – environ onze kilomètres – me donne du courage. J'avoue que je ne suis bon à rien tant que je n'ai pas mangé, le matin. Mais aujourd'hui je n'avais pas vraiment le choix.

Le chant des oiseaux – coucous, tourterelles, moineaux – me réconcilie avec le monde. La planète serait insupportable sans eux.

Sur le chemin de Castrojeriz, je reconnais au loin Claudia. Elle marche, flanquée de son amie Sonia. Elles sont presque arrivées à la hauteur de la forteresse. Claudia se retourne sans arrêt, elle cherche à savoir si je fais semblant de traîner la jambe, ou pas. Elle ralentit son allure, et quand je les rattrape, elle fait l'étonnée. Elle m'affirme avoir vu deux cobras, ce matin. J'en doute fort, il n'y a pas de cobras en Espagne. Mais après tout, moi, j'ai bien vu des aigles. Comme toute bonne catholique, elle est obsédée par le sexe. C'est sans doute symbolique. Pendant que nous parlons, sa petite amie s'éloigne. C'est évident : Claudia veut savoir. Sinon pourquoi cette belle Brésilienne me ferait-elle les yeux doux ? Bien sûr, ce sont des avances. Elle attend que je me déclare. Mais cela ne vient pas. Notre conversation prend un tour conventionnel. Je me découvre un vif intérêt pour la forteresse de Castrojeriz, le murmure des oiseaux et le paysage. Claudia est désarçonnée. Elle n'avait pas imaginé cela. Elle s'arrête soudain, vexée et furieuse. Sans mâcher ses mots, elle me demande d'attendre un quart d'heure pour la laisser prendre de l'avance et continuer seule. Elle ne veut plus jamais me revoir. Elle tourne les talons et disparaît. Je trouve le procédé un peu brutal, mais je ne lui en veux pas.

J'attends gentiment un quart d'heure. En fait, cela m'arrange, je n'ai aucune envie de continuer à marcher avec elle. Quand je pense qu'elle déployait tout son charme et toute sa gentillesse pour en arriver là.

Le café de Castrojeriz est formidable, et son patron, très sympathique. Dans la salle protégée du soleil par des rideaux aux couleurs vives, un perroquet, Kathie, virevolte au son de valses viennoises. Je suis assis à une table face au mur – sur lequel est accrochée une grande photo d'un Méridional tout sourire. J'ai du mal à m'en détacher. Alors que je quitte tranquillement le café après avoir repris des forces pour toute la journée, le gros hôtelier crasseux d'Hontanas, Vitorio, surgit. Il commande un café et se tourne vers moi : « C'est pas mal ici aussi ? » Je me rappelle sa porcherie médiévale et cela me coupe l'appétit. Je repars sur-le-champ en direction du sommet de la haute Meseta dans la montagne de Mostelares. Le chemin traverse un paysage spectaculaire de désert aveuglant. Qui pourrait bien avoir l'idée de venir s'installer ici ? C'est incroyablement beau. Les quelques villageois que je rencontre sont très avenants. Dieu seul sait où je vais atterrir ce soir. Tout ce que je demande, c'est un lit propre et une baignoire.

En jouant l'alpiniste à neuf cent trente mètres d'altitude, je croise une Américaine d'environ deux cents kilos, qui clopine sur ce chemin caillouteux en sandales de bain, sans sac, appuyée sur un simple bâton. Cette femme exubérante offre un contraste saisissant avec le paysage sec et dépouillé de la Meseta. Elle conviendrait mieux au décor d'un snack-bar de Dallas. Nous nous arrêtons tous les deux, comme si nous nous étions donné rendez-vous en plein désert, pour échanger des ragots. Il fait 40° à l'ombre.

J'apprends que son mari la dépose et la récupère tous les jours en voiture, à un lieu de rendez-vous fixé à l'avance. Cette femme donne l'impression d'être à bout de forces. J'ai le sentiment qu'elle ne réussira jamais à franchir le col et je crains à tout moment de la voir s'effondrer. Je freine mon allure et fais semblant de vouloir souffler. Pas d'autre pèlerin en vue. C'est un devoir de veiller sur cette lady de Seattle. Au loin, à un croisement, j'aperçois effectivement une Jeep blanche. Son moteur tourne, un type assis regarde intensément dans ma direction et semble craindre le pire.

Je peux repartir à mon rythme mais cette marche trop lente m'a épuisé. Je me réconforte en chantant le *Reich mir die Hand, mein Leben* de Mozart. Amadeus me donne des ailes, je me sens plus léger et plus souple. Dès que mes forces déclinent, je chante plus fort. Tout y passe : des airs de comédie musicale, des hymnes, des chansons folk du monde entier. Cela va de *Hava nagila* à *Blowin' in The Wind*. Tantôt un air d'opéra, tantôt une marche militaire ou un refrain populaire. Comme je suis tout seul, je ne gêne personne. Les chansons du folklore allemand me dopent véritablement. *La Marche de Radetzky* me conduit gaillardement au col de la Meseta.

Mes pieds me font mal aujourd'hui. Je sais, je me répète. On ne dira jamais assez à quel point les pieds peuvent souffrir sur le Chemin de Compostelle. À 16 h 30, l'étape est déjà bien entamée. Trente-deux kilomètres, c'est une distance incroyable, pour moi. Je fais une pause au bar d'un petit village, et je dévore un appétissant *bocadillo*, un petit pain avec du jambon et du fromage, et un *spezi*. Les autres pèlerins me dévisagent toujours avec curiosité quand ils me voient mélanger du Fanta et du Coca. Il me faut à chaque fois leur expliquer qu'il s'agit d'une spécialité allemande qu'on appelle aussi « café froid ».

Parmi les Norvégiens, Suédois, Espagnols, Italiens et Brésiliens, aucun n'a jamais eu l'idée d'y goûter. Devant le bar, en face de la fontaine du village, je commence rapidement à discuter avec deux Norvégiennes originaires du Telemark. Je leur raconte ma mésaventure avec la flamboyante Brésilienne. Elles parlent norvégien et moi, allemand. Cela fonctionne très bien. Elles comprennent presque tout et moi j'ai droit à une initiation rapide. Que cette langue venue des fjords est rafraîchissante sous la canicule !

Hier soir, je peinais à comprendre le suédois de Tina et Evi. Aujourd'hui, je suis content, je comprends le norvégien quand on le parle lentement.

Dans ce village, il y a bien sûr un *refugio* et je n'ai pas la force d'aller plus loin. J'aimerais un bon lit, mais le *refugio* est plein à craquer. Je n'y comprends rien, j'ai marché tout seul toute la journée et je retrouve le soir des centaines de pèlerins qui ont fait le même chemin que moi. Encore cinq kilomètres avant d'atteindre Fromista. Là-bas, il y a un hôtel. La route est pénible, mais je vais y arriver. Je me traîne, épuisé, le long d'un interminable canal. Je ne sens plus mes pieds et il me faut rassembler toute mon énergie pour atteindre mon but. Trente-six kilomètres en tout. Une vraie folie ! Il y a deux semaines encore, je serais tombé raide mort. Aujourd'hui, je me sens fatigué, mais sans plus. Ce sont surtout mes pieds qui sont à bout. La route d'aujourd'hui, le plus beau panorama du voyage, était une épreuve de vérité. Je n'arrive pas à y croire : trente-six kilomètres, et non pas en onze heures mais en tout juste huit heures. Ça fait un peu plus de quatre kilomètres/heure. Quand je pense à mes notes minables en cours de gym !

Le plus réjouissant, c'est de me sentir capable d'estimer les distances correctement et de répartir intelligemment les efforts à fournir. Quand je marche par 40° à l'ombre, j'ai intérêt à ne pas traîner. Plus vite je quitte la zone ensoleillée, mieux c'est. Mais si je marche trop vite, je suis rattrapé par la fatigue et pétrifié par le soleil. Je bois énormément. Par exemple, aujourd'hui, j'ai bu environ six litres. Bizarrement, la faim ne me pose pas de problème. Je dirais même qu'on marche mieux le ventre vide. En fait, c'est étonnant ce qu'on peut exiger du corps d'un citadin alourdi. J'ai l'impression de ne plus perdre un seul gramme depuis quelques jours, mais ce n'était pas le but.

Le chemin m'en apprend beaucoup sur mes capacités physiques, sur la gestion de mon énergie et de mes efforts. Ce soir, je passe la nuit à l'hôtel Saint-Martin : une superbe petite maison en face de l'église romane du même nom. Partout, des petits drapeaux donnent à la place un air de fête, on s'attend à voir arriver une personnalité officielle à tout moment. Je descends dîner dans la salle à manger ocre. Deux jolies jeunes femmes y sont attablées pour un dîner aux chandelles : Tina et Evi. Formidable ! C'est agréable de retrouver là mes deux chères Suédoises pleines d'humour. La soirée est très animée. Elles ont définitivement abandonné les horribles *refugios* pour s'offrir des hôtels plus accueillants. Bravo ! La raison l'a enfin emporté.

J'apprends au passage qu'après quelques querelles elles ont décidé de continuer séparément. Quitte à ne pas dormir au même endroit. Les deux blondes, belles à croquer, ont comme moi très envie de parler et nous voilà partis à discuter, à rire et à tout critiquer.

Tina tient à nous raconter une anecdote amusante : dans un petit village, elle avait besoin de lessive pour son linge. Elle tente de s'expliquer tant bien que mal et repart avec un paquet. En ouvrant celui-ci au moment de laver, elle constate qu'il s'agit d'une préparation pour flan à la vanille. Pas d'autre solution, elle fait sa lessive à la poudre de flanc ! Ce n'était pas vraiment propre, mais au moins ça sentait bon. Il y a une autre raison pour laquelle Evi et Tina ne fréquentent plus les auberges. Beaucoup de pèlerins organisent des marches de nuit. Ils font sonner leur réveil à deux heures du matin et le dortoir profite de leur départ en fanfare. Les auberges bon marché sont pleines à craquer et il y a toujours quelqu'un qui guette une place libre. Des petits groupes se forment, les uns marchent le jour, les autres la nuit. Ils s'entendent même pour se réserver mutuellement leurs places. Il y a aussi des francs-tireurs déjantés, qui arrivent pile à huit heures du matin et font la queue pour obtenir une place pour dormir. Comment y arrivent-ils ? Ils doivent avoir des lampes de poche puissantes, car il n'y a aucune borne lumineuse le long du chemin. Et comme partout ailleurs, il n'y a qu'une pleine lune par mois. Sans parler des chiens errants et de la faune nocturne en général !

Je n'ai aucun goût pour ce genre d'expédition. Je ne demande qu'à marcher tranquillement à mon rythme, sans penser à courir après un lit de camp. Faire un pèlerinage en équipe de nuit, cela me semble incroyable. Je comprends mieux pourquoi je rencontre si peu de pèlerins.

Je profite de notre rencontre pour expliquer à Evi et Tina mes démêlés avec ma fiancée brésilienne, je mime tous les détails sans oublier la chute finale. Je suis démasqué : elles comprennent à ma façon de raconter que je suis un amuseur public ou plutôt un comique professionnel. Moi, je les soupçonne d'être professeur d'anglais – pour Evi – et secrétaire de direction dans une administration à Stockholm – pour Tina.

Au cours de la discussion, nous nous rendons compte que des animaux ont accompagné toutes les étapes de notre *Camino*…

À Saint-Jean, au moment du départ, un vieux chien m'a fixé de ses yeux ronds à la gare. À mon arrivée à

Castrojeriz, aujourd'hui, j'ai découvert un hibou mort. À Fromista, deux étalons, un blanc et un noir, m'ont accueilli joyeusement. Avant Belorado, j'ai trébuché sur un chat. À Zubiri, des milliers de papillons ont volé autour de moi. À Logroño enfin, cinq cigognes m'attendaient sur le clocher de l'église.

Ce sont sans doute des observations sans importance. Mais à force de marcher tout seul, on a une autre perception des choses.

Evi raconte comment elle a été « sauvée » lors de son premier pèlerinage.

Un dimanche matin, elle s'est cassé le pied dans la montagne, sans personne à ses côtés… À ce moment-là – mais d'où venaient-elles ? – arrivent deux infirmières espagnoles en uniforme de la Croix-Rouge. L'une administre les soins d'urgence, tandis que l'autre appelle les pompiers de son portable. J'ai du mal à croire à cette histoire et à plusieurs reprises je lui fais répéter, mais Evi me certifie que l'anecdote est authentique. Je m'explique mal la présence de ces deux braves femmes en uniforme au beau milieu de la nature. Lors de son premier pèlerinage, Tina a manqué de mourir de soif, elle. Elle a marché pendant trois heures, sans eau, sous un soleil accablant. Une grosse orange juteuse trouvée par hasard l'a sauvée in extremis. Chacun de nous a quelque chose à raconter. Malheureusement, ni Evi, ni Tina ne sont arrivées jusqu'à Saint-Jacques, la première fois.

Les deux beautés super entraînées ont projeté d'atteindre Compostelle en douze jours maximum, un exploit quasi surhumain.

Après ce magnifique dîner, je rentre tout content. En faisant ma lessive, j'éclate de rire en pensant au flan à la vanille. C'était vraiment une super soirée : Tina et Evi sont géniales.

Si tout va bien, je peux terminer mon pèlerinage en dix-neuf jours, ce qui me permettrait quelques jours de détente au

Portugal, au bord de la mer. Avant de m'endormir, je pense à l'Américaine de Seattle. Elle avait l'air si heureuse. C'était si important de marcher sur la Meseta, pour elle.

Pensée du jour : Mes amis, sachons dépasser nos propres limites.

27 juin – Carrión de los Condes

La soirée a été bien arrosée. Je me mets en route vers dix heures avec un temps idéal pour la randonnée : ciel nuageux et température plutôt fraîche, entre 15 et 16°. En quittant Fromista, un vieil homme me lance : « Vous avez de la chance pour votre route, un temps pareil, c'est l'apôtre Jacques qui vous l'envoie. »

Je traverse de nombreux villages, Población de Campos, Villovieca... Le paysage me rappelle mon enfance en Westphalie, jusqu'à mes six ans : des plaines sans fin plantées de betteraves et parsemées de fermes massives, avec des gens simples et cordiaux. J'ai l'impression d'un voyage dans le passé. Le temps gris renforce considérablement cette impression. C'est comme si je rentrais à la maison. Cela paraît si loin. Je me souviens de notre voisin, un mineur à la retraite, le père Bödeker. Il fabriquait de grandes statues naïves en plâtre. Elles ont fait de lui, bien après sa mort, un artiste de renommée mondiale, le Botero de la Ruhr. J'ai encore en mémoire Recklingshausen, ma ville natale, remplie de ses œuvres. Je me suis toujours bien entendu avec lui, et, gamin, il m'autorisait même à courir entre ses statues de contes de fées. C'est étrange : je ne sais pas pourquoi je pense à lui. Je l'avais complètement oublié.

J'ai trente-six kilomètres dans les jambes et le dîner bien arrosé de la veille n'a rien arrangé. Aujourd'hui, je dois en parcourir vingt. J'en ai déjà fait six ou sept.

Hier, dans ce petit bar de Boadilla del Camino, je me suis senti en parfaite harmonie avec le monde et avec moi-même. Rien ne manquait. Je n'ai pas encore atteint mon but, mais je suis déjà arrivé quelque part. Je n'ai plus de doute sur le sens de mon pèlerinage. Je me souviens d'une amie qui me disait : « Il ne faut jamais douter ! Il faut simplement s'en remettre à Dieu. Il a une façon incroyable de résoudre tous les problèmes. »

Cela me fait penser à une histoire qui m'est arrivée à Prague.

C'était en 1989 avec trois amis italiens de Bologne. Nous avions décidé sur un coup de tête de fêter à Prague avec éclat la Saint-Sylvestre de la liberté. Nous pensions être les seuls à avoir eu une idée aussi originale. Nous avons quitté Munich le 30 et atteint la frontière tchécoslovaque, sous une tempête de neige, vers dix heures du soir. Le poste frontière était ouvert, le bâtiment des douanes, éclairé. Une dizaine de voitures, remplies d'Italiens, nous a rejoint. Aucun douanier.

On m'informe au poste que la frontière est déjà fermée et qu'en tant que citoyen de la RFA, je n'ai pas le droit de passer. Il y en a un autre soixante kilomètres plus au nord, mais de toute façon il est fermé, lui aussi.

J'explique à mes amis et aux autres que nous devons faire demi-tour. Les Italiens ont un sens merveilleux de la discipline. Ils se mettent à vociférer en direction du poste : « Merde, vous êtes maintenant une démocratie, laissez-nous entrer ! » Rien ne bouge, on applique encore les vieilles consignes. Contaminés par un souffle révolutionnaire, nous décidons de passer quand même. Mon amie Anna craint qu'on nous tire dessus. Je me moque de ses appréhensions et rétorque en riant : « Ils ne vont quand même pas descendre deux douzaines de touristes italiens, à la veille de la Saint-Sylvestre. Václav Havel n'apprécierait pas. »

La barrière est levée et nous franchissons sans encombre ce premier barrage. Cinq cents mètres plus loin, des projecteurs menaçants sont braqués sur le véritable poste frontière. En un instant, nous sommes entourés par les soldats. Nous voilà en plein *James Bond* ! Nous expliquons à l'officier de garde, ou à ce qui en tient lieu, que son collègue nous a envoyés ici. Il affirme, dans un mauvais allemand mêlé de tchèque, que c'est impossible. Je déclare que nous voulons simplement passer la frontière d'un pays libre.

Je ne veux pas jouer les héros. Anna se détend. Il n'y aura pas de fusillade sanglante dans la neige ce soir, mais nous devons tous couper les moteurs et donner nos passeports. Les ennuis commencent. Après une demi-heure de discussion, il faut remplir des visas rédigés en tchèque et en russe. Aucun de nous ne parle une de ces langues. Je cours vers l'espèce de colonel-général-major qui comprend un peu l'allemand et le prie poliment de nous faire passer un document dans une langue que nous connaissons. Il finit par sortir des papiers en espagnol. Nous les remplissons tant bien que mal sous une neige abondante car nous n'avons pas le droit de remonter en voiture : ce serait considéré comme un délit de fuite. Pour aller où, d'ailleurs ? Ce n'est pas dur de comprendre l'espagnol. Mon nom, c'est mon nom, en espagnol aussi. Mon adresse est la même, comme ma taille et ma date de naissance. J'abrège le mot Allemagne en *Federal Republic of Germany* : c'est international. Mais voilà le hic : la couleur de l'auto ? En quoi faut-il l'écrire ? En tchèque ? En espagnol ? En anglais ? Le petit lieutenant aboie : « En tchèque, bien sûr ! » Mais comment dit-on « blanc » en tchèque ?

« Débrouillez-vous ! » hurle-t-il. C'est vraiment une

réponse lumineuse, surtout à minuit dans une forêt enneigée, quelque part en Bohême !

Un Italien finit par traduire. Blanc se dit « bila ». Enfin, nous obtenons le droit d'entrée et nous passons la nuit à proximité, à Pilsen. Nous sommes à Prague le lendemain vers quinze heures. Il fait terriblement froid, il y a de la neige et du verglas partout. Tous les hôtels de la Ville d'or sont complets. Ça grouille d'Italiens qui, comme nous, recherchent un gîte. Même en périphérie, il n'y a plus un seul lit disponible. Tout est plein à craquer : les pensions comme les auberges. Résignés, nous décidons tous les quatre d'aller manger un morceau, faire la fête – et après nous, le déluge. Je donne cent cinquante marks au portier d'un hôtel de luxe de la place Wenceslas pour pouvoir assister à un grand gala de la Saint-Sylvestre. Dans la salle de bal, chacun de nous se fait encore racketter de cent cinquante marks. Même si une chambre se présentait, nous n'avons plus un rond. Dans l'hôtel, il fait bon. Au moins, nous ne sommes pas à la rue.

La soirée est très animée, nous dansons et buvons beaucoup, jusqu'à la fermeture. Vers une heure du matin, nous atterrissons sur la place. Les gens sont en liesse, très émus. Ils s'embrassent avec force, au seuil de cette année où ils renouent avec la liberté. Une fête inoubliable ! Nous participons sans retenue à cette immense joie collective.

À trois heures du matin, nous sommes toujours dehors, beaucoup trop saouls pour conduire. De toute façon, le temps ne nous le permettrait pas et il est hors de question de se risquer à dormir dans la voiture. La situation est critique et Anna commence à pleurer. Comment tenir toute une nuit par ce froid ?

Soudain, une grande blonde aimable me lance un « *Št'astný nový rok* ». Je la regarde, hébété : « Pardon ? » Et elle ajoute : « Vous faites de la télé ? » La Praguoise m'a reconnu. Puis elle me demande en très bon allemand : « Mais que faites-vous là ? »

Je me ressaisis et lui explique que je suis venu fêter la Saint-Sylvestre avec des amis et que nous sommes à la rue. Je tente alors le tout pour le tout : « On peut peut-être dormir chez vous ? » La fille rayonne : « Bien sûr, pourquoi pas ? » Elle appelle ses amis, deux sculpteurs : un petit-fils d'émigré italien et une femme, Veronica. Elle me connaît, elle aussi, grâce à la télé, tout comme son autre amie, une Tchèque qui vit à Nuremberg et ne revient à Prague que pour la première fois depuis des années. Je dis que ma grand-mère est née à Marienbad et je suis immédiatement adopté. Vero nous ouvre son atelier pendant quatre jours. La vue sur la vieille ville est magnifique. Nous nous sommes écrit pendant des années.

À propos, en tchèque, *Šťastný nový rok* signifie « bonne année ».

Je repense aussi à cette autre histoire extraordinaire en Égypte. J'ai failli mourir d'un empoisonnement en plein désert, dans un hôtel. Un cardiologue y séjournait par hasard au même moment et m'a sauvé la vie.

Nous avons tous des histoires de ce genre à raconter. Est-ce vraiment le hasard ?

Aujourd'hui, le chemin est particulièrement pénible. Vingt kilomètres en ligne droite. J'ai le temps de réfléchir, il ne faut pas s'étonner de mes digressions. À gauche et à droite, des champs de blé sans fin jalonnent la route qui s'étire dans la Tierra de Campos. Mon épuisement est si grand et mes jambes si douloureuses que je commence à voir de curieux rayons de lumière autour de moi. J'ai l'impression que deux formes lumineuses géantes, avec des ailes, portent mon sac. D'ailleurs, je ne le sens plus. Au lieu de ralentir, je marche de plus en plus vite. Cette cadence incroyable m'étonne. J'ai le sentiment que quelqu'un d'autre marche à ma place !

Ce calvaire est une pure méditation et ce halo lumineux qui m'entoure est extraordinaire. Je vérifie que j'ai bien mes lunettes de soleil sur le nez. Tout est tellement éblouissant : le chemin, les champs, mon corps. Sans cette lumière, je m'effondrerais. Est-elle le fruit de mon épuisement ? Je n'en sais rien. Ma production d'endorphines y perd son latin et me fait briller comme un néon. Cinquante-six kilomètres en deux jours, c'est trop pour un type comme moi.

Toutes les nuits, je rêve de plus en plus lourdement. Hier, je me suis réveillé en sursaut, quelqu'un me conseillait de rompre avec trois de mes amis. J'ai passé une nuit blanche. À tout hasard, j'ai effacé les numéros de ces trois amis de mon portable mais je peux les retrouver, en cas de remords.

Je sais bien que ce que je fais en ce moment est très au-dessus de mes forces, mais je sais aussi que je ne lâcherai pas car je suis porté par quelque chose. Peut-être est-ce ma volonté, tout simplement. Je me sens fort malgré ma faiblesse. Peu à peu, je me mets à aimer la solitude. C'est un luxe de pouvoir être seul avec soi-même. Et cela commence à porter ses fruits, même si certains d'entre eux ont un goût nouveau.

C'est dans cet état d'esprit que je traverse Carrión de los Condes, un village protégé par une rivière qui coule avec impétuosité sous un vieux pont romain. J'arrive à l'abbaye bénédictine transformée en hôtel, le Real Monasterio San Zoilo. De loin, le monastère est informe, presque laid, monumental, mais à l'intérieur, on est charmé par le cloître, la cour remarquablement blanche, la large cathédrale rectangulaire et le parc gigantesque.

Un haut-parleur diffuse des chants grégoriens qui invitent le visiteur à la méditation. Cet hôtel a un nombre infini de chambres, mais à part trois Espagnols et moi, il n'y a personne. Nous sommes les maîtres des lieux. Ni l'endroit ni l'auberge des pèlerins n'ont vraiment d'intérêt, à la différence du Real Monasterio classé au Patrimoine mondial de l'Unesco. Pourtant il appartient à un autre monde. Zoilo,

Real Monasterio San Zoilo, lieu de retraite de nombreux rois et des pèlerins.

saint et martyr, y est enterré. Tous les rois d'Espagne, Alphonse VI, VII, VIII, et d'autres, se sont retirés ici après leur abdication. On les comprend. Cet endroit soigne les corps meurtris et les âmes lasses. Les abbayes m'impressionnent plus que les châteaux car ces derniers sont trop souvent ostentatoires. Au contraire, une abbaye est une union harmonieuse de magnificence et d'humilité. À Carrión de los Condes, c'est très réussi.

En me promenant dans le grand cloître désert, j'observe les figures grotesques et les symboles sculptés sur les colonnes. Le monde extérieur reflète souvent ma vie intérieure. Je m'interroge : Quel rapport ce cloître peut-il bien avoir avec la mienne ?

Tapi dans l'ombre, je contemple ces colonnes en silence. Une tête de mort me fixe, grimaçante. Elle m'interpelle sur le sens de ma vie. Les aiguilles de la grande horloge sont arrêtées. Le temps est suspendu.

La pendule indique 6 h 17 ? Du matin ? Assis sur mon banc, je regarde tous les détails de cette tête. Sur la route, alors que je marchais sur mon ombre, quelque chose est mort à jamais en moi. L'horloge ne bat plus. Suis-je sur le point d'arrêter le temps, de tirer le rideau sur ma vie, pour pouvoir renaître ?

Je dois d'abord quitter mes ténèbres. Mais lesquelles ? Le chant grégorien est lancinant, il berce mon extrême fatigue. La nuit habille mes pensées.

Peu après, je gagne le côté opposé du cloître, mais cette fois-ci je m'installe au soleil. En face de moi, une colonne sur laquelle on a sculpté une nativité. J'ai compris : il faut

Le cloître de Carrión de los Condes.

mourir pour renaître. Sortir des ténèbres pour accéder à la lumière. La naissance et la mort sont les deux grands moments qui organisent notre vie.

Se lever, se coucher, partir travailler, rentrer le soir, commencer des études, partir à la retraite : tout a un début et une fin.

Je vais à la cathédrale. Je suis seul et un pigeon vole vers l'autel. Juste en face il y a un immense crucifix. Pour la première fois de ma vie, je réalise que le crucifié regarde dans une direction précise. La plupart des représentations montrent Jésus-Christ regardant vers la gauche, vers l'ouest, vers le coucher du soleil, vers la nuit, vers la mort.

Mais vu de son côté, il regarde à droite, vers l'est, vers l'Aurore, vers la Vie. Ce qui nous paraît la fin et l'obscurité est un commençant et une lumière, pour le Christ. C'est sa perception qui est juste, sans aucun doute. La nôtre est fausse. C'est difficile de prendre la mesure de tout cela.

D'une façon ou d'une autre, nous, les hommes, nous cheminons à tâtons dans notre vie, dans notre nuit.

Les pèlerins de nuit sont dans le vrai, ils explorent les ténèbres. En tout cas, je dois étudier mes ombres de manière plus profonde, moi.

J'ai encore dix-huit étapes, j'en ai déjà fait onze – soit deux cent vingt kilomètres, dont une en stop, quatre en bus et cent kilomètres en voiture.

C'est après-demain qu'on devrait siffler la mi-temps. Ce soir, je suis allé me coucher complètement vide. Comme une bouteille qu'on doit remplir.

Pensée du jour : Aller explorer ma nuit.

28 juin – Calzadilla de la Cueza

Ce matin, je me suis réveillé à sept heures et demie, aussi épuisé que si je venais de m'endormir. J'ai du mal à repartir et m'engage avec peine sur les premiers pavés de cette piste de marathon. Avant d'entamer les dix-sept longs kilomètres qui m'attendent, je m'offre un deuxième café à la station-service. Je n'ai que deux litres d'eau tiède, je m'achète une limonade, mais la bouteille est gelée. Je fourre cette mini-glacière dans mon sac en maugréant. De toute façon, c'était ça ou rien. L'étape suivante, c'est l'enfer ! Le soleil brûle déjà sans pitié. Pas un bosquet, pas un arbre. Devant moi, un interminable chemin de sable, poussiéreux. Dix-sept kilomètres, sans rien pour distraire le regard et sans l'espoir de trouver de l'ombre. Pas de halte possible pour prendre le frais et se reposer. Aujourd'hui, c'est vraiment dur. Le soleil est si aveuglant que je ferme les yeux malgré mes lunettes. Je souffle bruyamment, je ne sens même plus ma respiration, tant elle est douloureuse.

Ce serait vraiment de la folie de s'arrêter sous ce soleil, j'accélère mon allure pour échapper le plus vite possible à cet enfer champêtre. Par chance, le pain de glace me permet de disposer d'une boisson fraîche pendant deux heures et demie. La bouteille terminée, je commence à paniquer. Le petit village de Calzadilla de la Cueza, indiqué sur ma carte, reste invisible. La route est très plate et on peut voir très loin à l'horizon. Si j'en crois ma petite expérience de pèlerin, je ne devrais pas résister longtemps. Ou alors je me suis égaré. Ça tomberait vraiment mal aujourd'hui. Pourtant, les papillons sont toujours là à voleter autour de moi. Malgré le manque d'eau, j'arrive à tenir, j'alterne gospels et marches militaires. Enfin, après vingt-cinq kilomètres surgit tout à coup Calzadilla de la Cueza, tapie dans une petite dépression. Pendant des kilomètres, on se

Pas un buisson, pas un arbre, pas une ombre.

dit que ce sacré village n'apparaîtra jamais, puis il est là, comme sorti du néant.

Le parcours n'a jamais été aussi épouvantable. Je préfère encore le brouillard des Pyrénées.

J'ai fait ces dix-sept kilomètres en trois heures pile, sans m'arrêter. C'est mon record. Je suis champion olympique. D'ailleurs, tout le village devrait accourir et m'applaudir. C'est un minimum pour que j'offre une tournée générale.

Mais ici, rien ne bouge : l'endroit est mort. Si j'en crois mon guide féru de zoologie, on devrait entendre les loups hurler la nuit. Pour l'instant, il n'y a qu'un vent chaud et sec, qui balaie la poussière des deux seules rues du village.

Bon gré, mal gré, il me faut rester dans ce trou, où se dressent cinq maisons proches de la ruine et un petit hôtel propret. Le prochain est à quarante-cinq kilomètres.

En entrant dans l'hôtel-restaurant, au plafond duquel un ventilateur géant est le signe d'activité du lieu, je découvre une jolie brune en train de boire son café et d'écrire son journal. Après avoir retiré la clé de ma chambre à la réception, je l'aborde, tout sourire. Nous n'avons pas besoin de beaucoup de préliminaires. Ça ne sert à rien d'échanger des banalités. On gagne du temps à entrer dans le vif du sujet, on sait très vite si la personne vous convient et inversement.

Et justement, Josée d'Amsterdam me convient parfaitement. Elle me confie qu'elle et son amie se sont provisoirement séparées, pour marcher chacune de leur côté. Josée partira demain du prochain refuge, à quelques kilomètres d'ici. Son amie restera encore une journée à Carrión, pour visiter le cloître du couvent. Josée a vingt kilomètres d'avance et elles se retrouveront dans onze jours. Pour Josée, il n'y a qu'un seul mot d'ordre : « Sois toi-même », et une seule question véritable : « Qui suis-je ? » Une discussion des plus profondes s'engage entre nous car nous avons des points communs. Comme moi, elle a du mal avec les auberges à pèlerins et les gens qui les fréquentent. C'est réconfortant de rencontrer quelqu'un qui partage son point de vue. Josée me livre même son secret pour ne pas abandonner la route : « Tu sais, si j'ai besoin de quelque chose, je le commande tout simplement à l'Univers.

– Et ça marche ? »

Je trouve ce truc un peu dingue. Elle sourit, ses yeux brillent : « Essaie, tu verras », me jette-t-elle comme un défi.

Après deux autres tasses, Josée m'embrasse et me quitte. Ma chambre bien tamisée me fait oublier à quel point je suis fourbu. Je commence ma lessive en sifflotant, j'ai horreur de mes affaires quand elles sont sales.

À Carrión de los Condes, j'achète une chemise infroissable. Avec ma vieille chemise en jean, j'ai une touche pas possible. J'ai l'impression que partout où je passe on la regarde bizarrement. La chemise de ville fait plus d'effet. Je vais garder la chemise en jean pour la marche et prendre l'autre pour les haltes à l'hôtel. Mais ici, dans ce trou perdu loin du monde, je garde l'ancienne. Tandis que ma lessive

Surgissant comme un mirage : Calzadilla de la Cueza.

s'égoutte, j'essaie de dormir un peu. Mission impossible avec cette chaleur de plomb qui envahit la pièce à travers les stores fermés et la large fenêtre ouverte. À côté, j'entends de nouveaux arrivants qui s'installent. À leurs voix, je devine un couple d'Allemands, la cinquantaine finissante. À défaut d'église dans le village, cet hôtel a la même acoustique que la cathédrale de Cologne. C'est si sonore que je perçois le moindre bruit et le moindre pas. Je ne peux m'empêcher de penser à un dicton de ma grand-mère : « C'est mal d'écouter aux portes ! » Mais comment faire autrement ? Je vais essayer de dormir. Par chance, mes voisins veulent aussi se reposer. J'espère qu'ils ne vont pas ronfler.

Cinq minutes plus tard, ils se sont couchés. Je peux suivre et retranscrire leur dialogue, mais ces deux personnes restent anonymes :

Elle (*d'une voix intempestive*) : Arrête de faire ça !

Lui : Mais, je fais rien.

Elle : Si, tu vois bien que tu fais quelque chose.

Lui : Mais, je fais rien du tout.

Elle (*le grondant*) : Arrête, merde, à la fin ! Silence !

Je suis tranquille pendant deux minutes. De toute façon, je n'ai plus sommeil et j'avoue que je brûle d'envie de connaître la suite. Désolé, grand-mère ! Ce n'est sûrement pas bien, mais c'est humain.

Après quelques secondes, cela reprend :

Elle : Arrête !

Lui : Mais, quoi ! (*Il murmure quelque chose d'inintelligible.*)

Elle : Ferme-la et tourne-toi de l'autre côté.

Puis, elle se met à crier. La route n'a pas l'air de leur réussir à ces deux-là. Je finis par m'endormir.

Une demi-heure plus tard, les mêmes voix me réveillent. Cette fois-ci, elles sont sous ma fenêtre. Ce sont encore eux, ils ne peuvent pas dormir et ils veulent faire le tour du village. Je ne vois toujours rien – c'est une comédie muette. La femme hausse la voix et interpelle un automobiliste qui se gare. Je restitue le dialogue, sans les aboiements.

Elle : Vous êtes des Allemands ?

Une autre femme, plus jeune : À quoi le voyez-vous ?

(*En fond sonore, on entend des voix d'enfants allemands, qui jouent.*)

Elle : Parce que vous êtes immatriculés en Allemagne.

(*Moi, dans mon for intérieur, je pense : « Tiens, pas bête », et j'éclate de rire.*)

L'autre femme : Oui, nous sommes allemands.

Elle : Nous aussi, nous sommes allemands.

Moi (*off*) : Tiens donc !

L'autre femme : Un coin charmant, n'est-ce pas. Vous êtes à l'hôtel ?

Elle : Oui

L'autre femme : Et alors, qu'est-ce que ça donne ?

Elle : Ça va, c'est propre.

Moi (*en bon bourgeois chauvin, toujours off*) : Je ne peux que confirmer.

L'autre femme : Vous connaissez bien la région ? *(Puis avec un peu de mauvaise humeur, sans doute à l'adresse de son mari :)* Günter, tu ne pourrais pas m'ouvrir, s'il te plaît ?

Elle doit parler du coffre ou de la portière, aucune idée. Peut-être est-elle assise dans l'auto et veut-elle sortir, ou le contraire. On dirait vraiment un sketch radio. J'ai honte d'être aussi curieux. En tout cas, Günter ne répond pas.

Elle : Non, nous ne connaissons pas la région.

L'autre femme : Nous allons à Burgos, vous ne connaîtriez pas un hôtel là-bas ?

Elle : Si, justement, on en vient. En plein dans la vieille ville, il y a un hôtel Art Déco.

L'autre femme : C'est facile pour y aller en voiture ? (*Et elle ajoute sèchement pour Günter* :) Vas-tu pouvoir m'ouvrir, s'il te plaît ? (*De nouveau s'adressant à « Elle »* :) Est-ce qu'il y a un parking dans cet hôtel ?

Elle : Oui, je crois, mais nous ne sommes pas venus en voiture.

(*Aucune réaction*)

Elle (*qui attendait un signe d'intérêt, un peu de curiosité*) : C'est que nous sommes à pied.

L'autre femme : Ah ! Vous faites le Chemin de Compostelle à pied.

Elle : Oui, jusqu'à Saint-Jacques.

L'autre : Justement, nous en revenons. Il y a un sacré bout de route ! Bon voyage à vous. Nous aussi, nous allons plus loin. (*De nouveau à son mari* :) Vas-tu finir par m'ouvrir, Günter ?

Elle : Bon voyage.

J'imagine qu'elle espérait davantage de louanges ou de considération. L'autre famille démarre sur les chapeaux de roue.

Ma voisine s'adresse à son mari. À son ton de voix, c'est sûr, elle dit du mal des occupants de la voiture. Cinq minutes plus tard, mon couple de vieux voisins réintègre sa chambre.

Lui (*fermement décidé*) : Bon, et maintenant je dors.

J'ai bien cru comprendre qu'ils n'y étaient pas parvenus tout à l'heure ! Elle ajoute ensuite quelque chose d'incompréhensible puis se met à hurler le nom d'une ville de Galice à travers tout l'hôtel, comme si elle avait été piquée par un scorpion : La Corogne, La Corogne, La Corogne !

Je les entends bâiller une dernière fois. Apparemment, ça y est, c'est le silence. Mais cinq minutes plus tard, c'est au tour de deux Espagnols. Ils se disputent devant ma porte, mes voisins se réveillent. Mais qu'est-ce que c'est que cet hôtel ?

Elle (*hurlant*) : Fermez-la ! (*à son mari* :) Toi aussi, vieux bouc, ferme-la.

(*Il ne lui répond même pas.*)

Je sais, chère grand-mère, cela ne me regarde pas, je n'ai pas à mettre mon nez dans les affaires des autres.

Mais là c'est de leur faute. Il y a cinq minutes, sous ma fenêtre d'hôtel, ils jouent au gentil petit couple allemand cultivé – et cinq minutes plus tard elle se met à hurler à la mort, prête à assassiner le premier venu. Je ne sais pas combien de couples bien convenables vivent ainsi. Mais je leur souhaite de divorcer. Je suis curieux de savoir à quoi ils ressemblent – sans doute à des professeurs à la retraite étriqués. Je vais peut-être les voir aujourd'hui. Elle, elle est certainement maigre et lunatique, il est probablement grand, un peu grassouillet et très fatigué. J'espère qu'ils ne vont pas s'écorcher vifs, quoique – à bien y réfléchir – le Chemin de Compostelle peut réserver bien des surprises.

J'ai enfin droit à une demi-heure de sommeil avant d'être à nouveau réveillé par un tapage de tous les diables. Les portes des chambres donnent sur une galerie qui surplombe le restaurant de l'hôtel. Cela ressemble à un cloître et j'entends un Espagnol surexcité qui se précipite dans le bar, commande un whisky et raconte très ému qu'il vient d'assister à un terrible accident. Sur la route de Burgos, une famille allemande s'est encastrée sous un poids lourd espagnol. Tous les passagers sont morts sur le coup.

Seraient-ce les gens que j'ai entendus sous ma fenêtre, il y a une demi-heure ?

Plus question de dormir, je descends au bar. Vais-je me renseigner ? Je laisse tomber. De toute façon, aujourd'hui, j'ai suffisamment entendu de choses qui ne me regardaient pas. Attablé devant un chocolat et mon habituel *bocadillo*, j'apprécie la fraîcheur en feuilletant *El País*.

Là-haut, dans la galerie supérieure, une porte s'ouvre. Je n'entends d'abord que leurs voix, puis je les aperçois ! Ce sont mes voisins de chambre.

Ils ressemblent exactement à ce que je pensais. Ils sont habillés ternes. Elle est seulement plus grande et plus antipathique que dans mon imagination. Un grand échalas germanique aux cheveux blonds fatigués. Il est grisonnant, assez sympathique, plus petit et plus las que je ne pensais. Ça me gêne de les observer à leur insu, j'ai un peu honte d'en savoir autant sur ces inconnus. Je sors faire un tour pour ne plus les voir. J'ai peur de me retrouver devant cette femme.

Je suis trop curieux.

Les deux ruelles sont vite parcourues. Le vent fait tourbillonner autour de moi des buissons d'épines, comme dans un film de Sergio Leone. Je photographie cet endroit indescriptible. Sur les marches d'un escalier, je repère une belle chienne de chasse, toute blanche, mais décharnée et très sale. Elle est couverte de poux et se gratte la peau. Je sors d'une poubelle deux bouteilles en plastique, que je remplis d'eau, pour la laver. Bien sûr, elle n'en a pas envie, mais me suit jusqu'à la fontaine pour se désaltérer. Je lui achète une livre de viande, ça la satisfait. Elle regagne, rassasiée, la porte de sa maison. J'espère ne pas avoir attrapé de poux dans cette affaire. Le soir même, une chaleur encore plus accablante s'abat sur nous. Elle me rend presque fiévreux. Pas question de rester dehors, je n'ai toujours pas vu la tête d'un seul habitant. En rentrant, sur le chemin de l'hôtel, j'ai une terrible émotion. Un abominable animal, une sorte de chimère échappée d'un film d'horreur, se dresse au beau milieu de cette ville fantôme. J'ai le sang glacé. Ce dogue, mi-loup, mi-hyène, mi-ours semble être le fruit d'un croisement génétique monstrueux. Je n'ai jamais vu cela de ma vie et je suis terrifié. Pas moyen de l'éviter ! Je m'approche, la main droite en avant, en sifflotant et en disant d'un ton complètement gaga : « Mais qu'il est mignon, le chien-chien ! »

J'exagère parce que cet animal ne supporterait pas

la vérité. J'arrive même à le caresser. Il est vraiment répugnant, j'en ai des frissons. Mais qu'est-ce que je fais là à le tripoter comme cela ? La bête est tout à fait confiante et je sens confusément qu'il n'y a rien à craindre. Il est clair que personne n'a caressé ce chien depuis des lustres.

C'en est assez pour aujourd'hui. Je rentre me coucher. À côté, tout est paisible. Je m'endors, fiévreux.

Pensée du jour : Il faut savoir tendre la main aux monstres.

29 juin – Sahagún

Ce matin, je suis descendu au bar dès six heures. Mais, horreur : il n'ouvre qu'à huit heures ! Sans petit déjeuner je ne suis vraiment bon à rien. J'aurais préféré en prendre un mauvais que pas du tout. Ça commence bien. Bien sûr, j'ai toujours des bananes et de l'eau tiède dans ma gourde, mais ça n'a rien à voir avec une bonne tasse de café et quelques tartines. Avant de quitter l'auberge, je pique un morceau de gâteau qui traîne sur le comptoir – la *Guardia civil* ne se déplacera pas pour si peu – et caresse une dernière fois un chaton blanc. Il est six heures et demie, me voilà reparti. Mon gâteau est déjà loin. Je suis d'une humeur infecte. D'après mon guide, je dois attendre Ledigos, à dix kilomètres, pour me restaurer. J'ai le moral à zéro, je me traîne et j'en veux au monde entier. Je me moque pas mal du paysage : il n'y a rien à voir, de toute façon. Les Espagnols ne doivent pas manquer de pain avec tous ces champs de céréales. J'aurais mieux fait d'aller en Allemagne du Sud ! Il y aurait fait plus frais et ç'aurait été moins compliqué.

J'ai envie de détruire les poteaux indicateurs qui pullulent sur le bord de la route. Je parviens à me contrôler, mais je ne peux m'empêcher de râler à haute voix. J'ai vraiment envie de tout abandonner. Impossible de calmer ma mauvaise humeur. J'en ai marre. Ras le bol de cette « connerie » de pèlerinage ! Je veux manger – et tout de suite ! De plus, j'ai vraiment l'air idiot avec cette chemise en jean et ce chapeau en forme de cloche. Je ne peux plus me voir dans ces fringues. Je voudrais sentir le propre.

Je m'arrête. Je parle tout seul, je tente de me raisonner. Soit j'abandonne parce que tout ce que j'ai fait n'a aucun sens, soit je continue en espérant un petit miracle.

En prononçant ces mots à haute voix, je comprends que je regretterai toute ma vie d'avoir abandonné, surtout à mi-chemin. Je m'accroche : « Ferme-la et avance ! » Une dernière étincelle de bon sens me pousse à continuer. J'attends un miracle.

Au bout d'un sentier, j'atteins enfin Ledigos et pars à la recherche du café. Aiguillé par ma faim incontrôlable, je tombe rapidement dessus. Au premier coup d'œil à travers les vitres graisseuses, je comprends. Le bar est encore sale de la veille, il est fermé. Je vais exploser. « Ferme-la et avance ! »

Le prochain village, Terradillos de los Templarios, est à quatre kilomètres. Je commence à comprendre les gens violents. Sur la route, je croise quatre types qui semblent abattus, pieds nus et en guenilles. Ils ont des sacs en plastique et l'un d'eux porte un seau. Mais que font-ils ici ? Ils ramassent des champignons ? Ils cueillent des baies sauvages ? Ils détroussent les pèlerins ? En tout cas, du côté d'où je viens, ils ne trouveront rien.

Crevé, affamé, couvert de poussière et d'une humeur exécrable, j'arrive enfin à Terradillos. Les maisons de ce bled sont toutes en torchis. Ce n'est pas étonnant : Terradillos veut plus ou moins dire « terreux ». Ça pue tellement que les maisons ont dû être bâties avec des bouses de vache. Tout semble mort. Je ne vais jamais trouver quelque chose à manger. Je suis planté de rien, quand je me souviens de la recommandation de Josée et que j'en appelle à l'Univers, pour qu'il me fournisse un vrai petit déjeuner. Tout de suite.

Il est neuf heures. Un bruit assourdissant éclate dans mon dos : des chansons, du tambour, de la flûte. Six ados éméchés apparaissent. J'ai l'impression d'avoir une vision, et eux aussi, sans doute. Il est vrai que j'ai l'air parfaitement abruti avec ce maudit chapeau sur la tête. Il s'avère qu'ils quêtent pour la fête en l'honneur de Saint-Pierre, le patron du village. C'est à nouveau ma fête : je me la souhaite douce.

Mais aujourd'hui, je n'ai pas l'esprit généreux. Je leur donne une petite pièce et demande s'il y a un bar dans le coin. L'un des gamins éclate de rire et me tend le casse-croûte, qu'il a déjà commencé. Je suis prêt à accepter, puis je laisse tomber. Le truc de Josée ne marche pas.

Deux rues plus loin, je tombe pourtant sur une auberge. C'est bien trop délabré pour qu'on y mange mais on peut peut-être dormir. Je traverse le jardin à l'abandon et pénètre dans une petite cuisine basse où officie une Espagnole revêche et bien en chair, le tablier autour de la taille. La bonne femme sursaute et me dévisage avec méfiance. Je lui demande un petit déjeuner que je suis prêt à payer une fortune – ce qui lui semble manifestement stupide. Elle grogne et m'indique une pièce d'où montent des voix. Une salle à manger ! Cette auberge a une salle à manger ! Et propre, qui plus est. Des pèlerins fatigués sont assis à des tables décorées avec goût. Cela sent bon le café, les œufs au plat et les tartines beurrées. J'en salive d'avance et je passe une commande démesurée. Je pose mon sac à dos quand un regard à ma droite me fait sursauter : mes deux voisins d'hier soir, qu'entre-temps j'ai baptisés « Schnabbel » et « Bouc » ! Je garde mon chapeau. Pourvu qu'ils ne me reconnaissent pas et ne s'avisent pas à m'adresser la parole.

Sitôt servi, j'avale mon repas. Le couple trouve aussi l'auberge à son goût : ils s'empiffrent. Sans exagérer, ce petit déjeuner est vraiment le meilleur que j'ai eu depuis le départ – sauf les gâteaux, toujours les mêmes. Une Autrichienne leur tient compagnie. Je la croise régulièrement depuis le départ. C'est une grande tige, rouge comme un homard, au visage fendu d'un large sourire. Elle a accroché à son chapeau tyrolien les écussons des localités qu'elle a traversées, à peu près les mêmes que moi. C'est étrange, j'ai l'impression de perdre en route tous les pèlerins que j'ai rencontrés. Sauf elle, qui réapparaît régulièrement. Je ne sais pas pourquoi je remarque cela ce matin. En fait, depuis des semaines, nous nous croisons. Elle recherche toujours de la compagnie et pose toujours la même question, avec son accent du Sud : « Il y a une épicerie par ici ? » Elle me l'a déjà posée à deux reprises et je l'ai laissée me photographier.

Je la trouve trop sérieuse et trop creuse. C'est pourquoi j'ai évité tout contact prolongé. Ils parlent avec vivacité, ou plus exactement les deux femmes, surtout, car l'homme se tait. Sa chemise dégouline de sueur et il avale tartine sur tartine. À ma gauche, il y a un groupe de jeunes Américaines et une Allemande qui m'a tout de suite reconnu. Bêtement, elle me demande en anglais si je suis allemand. Je lui réponds en allemand : « Oui, salut. » Elle porte un short vraiment très court ou peut-être une petite culotte et me regarde, pétrifiée. Qu'est-ce qu'elle veut ? Je l'ai sans doute intimidée. Les pèlerins sont bizarres ! Je me détourne et, comme je suis curieux, je m'amuse à écouter Schnabbel. Ce matin, elle joue la carte de la bonne humeur, mais son regard semble désespéré. Elle me fait presque de la peine, elle parle tellement fort que tout le monde l'écoute.

Elle se tourne vers l'Autrichienne : « Mais Vienne est vraiment extraordinaire ! Je n'arrive pas à te comprendre. C'est la capitale culturelle du monde germanique. Tout ce qu'il y a de bien vient de Vienne... Ludwig Hirsch, par exemple. »

Ça c'est vrai, me dis-je. Il a écrit une très belle chanson sur le suicide. Schnabbel, Schnabbel, fais attention : Ça en dit long !

L'Autrichienne est d'accord : elle l'aime bien, elle aussi.

Tiens donc ! Schnabbel continue : « Tu es d'accord, Gerd ? Vienne est une ville superbe. »

Tiens, tiens. Bouc s'appelle Gerd, finalement.

Il répond d'un ton vague : « Oui, Vienne est magnifique. »

L'Autrichienne : « Vous y êtes déjà allés ? »

Schnabbel : « Non, jamais. »

J'ai envie de hurler de rire ! C'est tellement bête. Ça ne s'invente pas.

L'Autrichienne habite Vienne et n'aime pas la ville, visiblement. Mais Schnabbel refuse d'entendre. J'en suis convaincu : Schnabbel me ressemble comme une ombre ! Et je n'ai pas fini de m'amuser à ses dépens.

Dans un espagnol très laborieux, l'Autrichienne commande un autre café à la serveuse, toujours aussi désagréable, et m'adresse une nouvelle fois un large sourire. Quant à Gerd, il est en train de se demander pourquoi il me connaît. Cela m'arrangerait qu'il ne trouve pas. Schnabbel est debout devant une gigantesque carte clouée au mur et calcule le nombre de kilomètres parcourus et encore à faire. Pendant un instant, je suis en cours de géographie et j'attends que Mme Schnabbel me demande de montrer sur la carte les ressources naturelles du pays.

C'est une femme autoritaire. Moi aussi, c'est un problème. Soudain elle déclare d'une voix forte : « À la télévision, nous regardons toujours le *Litterarische Quartett*[1]. » L'Autrichienne regrette, mais elle ne connaît pas. Ce brutal changement de sujet est pour moi. Schnabbel

1. Littéralement, le « quartet littéraire ».

m'a repéré et me tend gentiment une perche. Je plonge dans mon bol.

Schnabbel : « Mais si, vous connaissez certainement. Cela passe aussi en Autriche. N'est-ce pas, Gerd ? Elle doit certainement connaître. »

Tiens, pourquoi lui dire « vous », subitement ?

Gerd : « Mais oui, elle connaît. »

L'Autrichienne : « Heu… non, vraiment, je ne connais pas. »

Silence.

Schnabbel (*à l'Autrichienne*) : « Au fait, tu parles très bien espagnol. »

L'Autrichienne (*réaliste*) : « Oh, non, médiocrement. »

Schnabbel : « Non, non, c'est vraiment excellent, mais je préfère de loin l'italien, quant à moi. Les sonorités sont tellement plus belles. »

(Traduction : Chère amie, tu as vraiment perdu ton temps à apprendre cette horrible langue !)

À ce moment, et comme par magie, un couple d'Italiens d'une cinquantaine d'années demande s'il peut s'asseoir à ma table.

J'acquiesce avec empressement : je ne veux plus entendre Schnabbel.

Une chaleureuse discussion s'engage. Ils viennent du Frioul. L'Italienne est dans un mauvais jour, elle aussi : elle a du mal à marcher et veut abandonner. Ce sont des gens agréables et cultivés, cela me fait du bien de parler avec eux. Leurs amabilités et sa faconde de *mamma* font disparaître mon cafard. Un Anglais, sympathique mais un peu déprimé, se joint à nous. Schnabbel s'est tue, vexée. Elle tend l'oreille dans notre direction. C'est marrant, mon double est aussi curieux que moi. Elle dit à Gerd : « Écoute, ce type est un Espagnol. »

Elle parle de moi. L'Autrichienne la corrige aussitôt : « Mais non. Il parle italien. » Mais oui, chère Schnabbel, comment peux-tu prétendre que l'accent italien est plus beau que l'espagnol si tu ne sais même pas faire la différence ? Décidément, Schnabbel me provoque.

À notre table, la conversation est animée, nous parlons italien et anglais. L'Anglais raconte l'histoire amusante d'une tortue qu'il a sauvée et les Frioulans me mettent du baume au cœur car ils vantent mon italien. Cela fait du bien !

Malgré tout, je suis attiré par Schnabbel. Je sais qu'elle aimerait qu'on lui dise comme il est admirable qu'elle fasse la Route de Compostelle.

Moi, je me moque pas mal de qui fait quoi, et comment. Tout ce qui m'importe, c'est mon plaisir.

À sa tête, je vois qu'elle est excédée par notre bonne humeur. À gauche, l'Allemande et le groupe d'Américaines commencent à se tartiner de crème bronzante. L'occasion est trop belle pour Schnabbel, qui les regarde ironiquement : « Qu'est-ce qu'elles se mettent comme crème ! Elles se soignent, dis donc ! Regarde, Gerd : elles s'en mettent une de ces couches – sur les pieds et dans le cou, aussi. Ah, ça ! Elles se peaufinent... Hein, Gerd ? » Lui s'attarde longuement sur les jeunes femmes en train de s'enduire.

L'Autrichienne la coupe et lance son éternelle question : « Est-ce qu'il y a une épicerie par ici ? » Je n'en reviens pas qu'elle ait réussi à la replacer. Elle a de la chance : Schnabbel sait où il y en a une.

Après un autre café, tous les trois décident enfin de reprendre la route. C'est ainsi. Nous devons tous repartir. Eh oui !

Je me sens beaucoup mieux depuis que j'ai repris la route. J'ai surmonté ma crise de ce matin. Il suffit de faire les choses un peu différemment pour chasser ces accès de colère. Je me demande tout de même si ce chemin va m'apporter la Révélation. Pour l'instant, je suis toujours dans l'obscurité à tâtonner.

« Il n'y a donc pas d'épicerie par ici ? »

Je traverse de fort bonne humeur un paysage de collines qui m'évoque le romantisme des routes du Sud de l'Allemagne quand un groupe de pèlerins m'interpelle bruyamment : « Hou-hou ! Hallo ! » Soit ils ont pris un coup de soleil, soit ils ont trop bu. Ça m'agace, mais je m'approche en souriant.

Au beau milieu d'un pâturage près d'un abreuvoir, je retrouve Schnabbel, Gerd, l'Autrichienne, ainsi que l'Allemande en petite culotte bleue avec son groupe d'Américaines tartinées d'ambre solaire. Évidemment !

Je fais semblant de sourire comme tout à l'heure dans la salle à manger, comme si nous étions les meilleurs amis du monde. L'Allemande m'invite à pique-niquer. J'ai compris : quelqu'un n'a pas pu s'empêcher de raconter à tout le monde qui je suis et ce que je fais… Je comprends mieux la gaieté générale. À leur place, j'aurais sûrement fait la même chose.

Faute d'apparition de la Vierge sur la route, je tombe à pic. Les Américaines sont surexcitées, comme si, au lieu de ma vieille chemise élimée, j'avais enfilé le costume de soirée de George Clooney. Je suis en tête du hit-parade de Compostelle. Et l'Allemande qui m'a découvert ne se remet pas de sa trouvaille. Je n'ai pas la moindre envie de jouer à l'amuseur public, ce serait plutôt à Schnabbel et Gerd de le faire : ils sont bien plus qualifiés.

Sur le sable, mon ombre et celle de Schnabbel se confondent. Quelle horreur ! Le couple ne me quitte pas des yeux – comme si j'allais accomplir quelque chose de miraculeux. J'aurais mieux à leur proposer… Comme saint-Nicolas, je pourrais sortir de ma hotte un sketch hilarant – comme leur dialogue de la veille, par exemple. Mais ça serait moche, quand même !

Et ce n'est pas comme cela que je vais trouver la Révélation.

Bien sûr, je pourrais profiter de ma célébrité sur cette route. Mais ce serait ridicule, je ne suis pas venu pour cela.

L'idéal, ce serait de feindre l'indifférence, de prendre de la distance sans pour autant être goujat. Quoi qu'il en soit, c'est pas avec eux que je risque de m'épanouir.

En guise de remerciements, je soulève gentiment mon chapeau crasseux et m'éloigne dans un silence vexé. Je n'y suis pour rien. Je suis resté sympa et ne leur ai pas donné de faux espoirs. J'imagine le commentaire de Schnabbel : mes oreilles sifflent. Rencontrer ces pèlerins était une petite épreuve – et inversement, sans doute.

Si seulement Schnabbel et Gerd avaient été tout seuls, je serais resté.

Ils me font de la peine et je ne cesse de penser à eux. J'ai partagé leur intimité. C'est vraiment terrible d'avoir été cette oreille qui a tout entendu. J'aurais bien aimé discuter avec eux, devant quelques bonnes bouteilles de vin. Et puis, ces deux-là sont un miroir trouble pour moi, dans lequel je ne veux pas trop regarder. Je ne pense pas leur ressembler tant que cela, mais suis-je meilleur pour autant ? Je ne vais tout de même pas mépriser quelqu'un parce qu'il est désespéré ! Leur histoire m'émeut autant que celle d'un proche. C'est sans doute pour cela que j'ai surnommé cette femme Schnabbel, histoire de me la rendre plus supportable.

Schnabbel, cela résonne plutôt gentiment : c'est le nom de ce canard allemand maladroit et gaffeur, affublé d'un bec trop long.

Vers midi, j'arrive aux abords de l'imposante cité de Sahagún et ne peux m'empêcher de crier : « Mi-temps ! »

J'ai marché aujourd'hui pendant vingt-quatre kilomètres, la moitié du chemin.

Je ne fais pas le compte des kilomètres comme Schnabbel – bien que j'en aurais été capable si je ne l'avais pas rencontrée.

Alors que j'aborde comme dans un rêve la majestueuse cité, une créature à longue crinière déboule d'un buisson. Je pense à une attaque, mais il s'agit d'une jolie jeune femme, Lara. Elle n'est pas née dans un fourré, mais à Vancouver, au Canada, l'une des plus belles villes du monde à mon avis. J'y ai acheté mes chaussures de pèlerin dans une quincaillerie

Sans cesser de marcher et de transpirer, nous continuons ensemble. Nous discutons du Canada, des fatigues de la route, de nos rencontres et, bourré de remords, je lui avoue que j'aurais bien aimé aujourd'hui botter les fesses d'une certaine pèlerine allemande.

Elle rit car elle l'a croisée, elle aussi. Comme moi, Lara est partie de Saint-Jean. Je lui apprends que nous avons parcouru la moitié du chemin, enfin.

Elle s'arrête puis elle laisse éclater sa joie, pleure et me saute au cou. Elle n'a ni carte, ni guide, elle marche à l'aveuglette, sans savoir où elle va et combien elle a fait de kilomètres dans la journée.

Cette femme m'est supérieure, de beaucoup.

Elle sait seulement qu'il y a en gros un quart des pèlerins qui tient le coup jusqu'à la fin. Des milliers de passeports sont établis chaque année mais bien peu sont validés à Compostelle. Pour Lara, ce chemin est vraiment le chemin de la Révélation. Je la regarde : «*Maybe !*» Elle me raconte qu'elle ne se prend plus en photo : elle a toujours la même tête et les mêmes vêtements, alors à quoi bon ? Une seule suffit. C'est exactement la même chose pour moi.

À la maison, on a tous les jours une apparence différente et on est pourtant toujours le même, dans sa tête. Ici, on a tous la même allure, et c'est notre esprit qui change, petit à petit.

Sahagún approche et une question me démange. Je la pose à Lara qui me semble bien perspicace derrière ses lunettes : «Dieu, à ton avis, c'est quoi ?» Elle a l'air sceptique et rit : «Tu veux vraiment que je te le dise ? Tu as du temps ?» Je fais signe que oui. Elle prend sa respiration : «Je n'aime pas en

La route des pèlerins jusqu'à la tombe du Saint Apôtre.

parler, c'est clair et limpide pour moi – et quand j'en parle, ça devient flou. Je crois que Dieu a placé dans ma bouche une soupape de sécurité, si bien que lorsque je dis joyeusement que je suis croyante, tout se disloque et sonne faux.

« J'ai une représentation de Dieu ou de la Vérité vraiment naïve. Pour moi, pendant des milliards d'années, l'Univers n'a été qu'un néant immense, puis Il s'est éveillé d'un long sommeil, en un éclair, un peu comme un tas de fumier qui s'enflamme tout seul. Une étincelle de lumière est née dans un cri de terreur et de joie. Elle s'est répandue à l'infini, elle ne poursuit qu'un seul but : le bonheur. À vrai dire, nous ne nous en souvenons plus, mais nous conservons en mémoire cette idée du bonheur.

« Cette étincelle a également inventé la souffrance qui seule conduit à la conscience. La lumière ne recherche pas seulement le bonheur inconscient comme un enfant, mais aussi le bonheur conscient, celui que l'on éprouve, lorsque l'on a souffert.

« Un jour d'été est doublement beau si l'on a survécu à une grave opération. La lumière du jour n'est plus seulement belle, elle est merveilleuse et sacrée. Cette lumière répandue à l'infini a brillé, puis s'est assoupie. Le bonheur, on le sait, ne dure pas longtemps. Dieu s'est trouvé Lui-même, il est devenu absolue sérénité. C'est alors qu'il s'est assoupi pour s'éveiller encore une fois, de Lui-même. »

Un peu paumé, je demande : « Tu veux dire que la souffrance est la clé du bonheur ? »

« Exactement ! Tout ne tend que vers un seul but : Dieu et les moyens d'accéder au bonheur. Tu peux rigoler, je sais, cela paraît enfantin. Mais, dans la Bible, on dit : "Soyez comme les enfants !" J'en ai le souffle coupé, mais je me retrouve dans cette idée. Et comme Dieu réunit en Lui tout et son contraire, il a pensé en toute logique qu'Il était à un moment mort ou endormi. Comme nous – quand nous incluons sans les soustraire nos heures de sommeil dans notre temps de vie. »

Je confie à Lara qu'elle m'a donné à mi-chemin un sacré morceau à avaler avec son idée de souffrance comme clé du bonheur. Je lui demande si elle pense qu'on pourrait mieux supporter la souffrance, ou même l'éviter si on l'apprivoise. Elle continue de sourire : « *Yes*, sans lumière, le noir peut être complet. Quand tu te trouves dans une pièce sans fenêtre ni électricité, tu ne vois rien. En revanche la lumière ne peut pas exister sans pénombre – look : c'est une belle journée ensoleillée aujourd'hui et pourtant nos ombres obscures nous suivent pas à pas. Une ombre ne masquera pas la source de lumière. »

Oh, j'espère que Schnabbel n'est pas dans le coin !

Lara et moi, nous marchons côte à côte, en silence, comme un vieux couple. Lara s'est mis en tête de passer la nuit à l'auberge, même si elle est pleine à craquer. Je la laisse faire. Peu lui importe si l'état du *refugio* est minable. Je n'en suis pas encore là, moi. J'ai toujours besoin de confort, d'un bon lit et d'une douche. Après avoir fait viser nos passeports, nos chemins se séparent. Avant de nous quitter, nous échangeons nos téléphones.

En plein centre-ville, je tombe sur une petite pension à un prix raisonnable. Encore une fois, je suis l'un des seuls pèlerins à dormir à l'hôtel. Dans l'entrée, une grande mosaïque colorée, d'inspiration médiévale, indique le nombre de kilomètres restant sur le *Camino francès*. Après avoir traversé tous ces villages poussiéreux, Sahagún me fait excellente impression. On y trouve de beaux édifices, datant de l'époque romaine jusqu'au baroque. Quelques constructions de style mauresque donnent l'aspect de médinas à plusieurs enfilades de rues. La période de prospérité de la cité prend fin au XVIIIe siècle. Tout ce qui est postérieur est plus conventionnel. À la moitié du chemin, cette ville, dans laquelle on monte et on descend les siècles, me convient parfaitement.

Sur le tableau de la réception, une affichette retient mon attention, celle d'un physiothérapeute, David, qui propose aux pèlerins des massages à prix réduit. Je m'empresse de composer son numéro et obtiens immédiatement un rendez-vous. Quelle chance ! Pour la première fois sur cette route et après trois cents kilomètres, je vais pouvoir me faire masser. Je gagne son salon, David attend dans la rue. Je le reconnais, j'ai son visage bien en tête, c'est le portrait de l'affiche de Castrojeriz. « Salut, David ! C'est bien toi ? J'ai vu ta photo dans le bar de Kathie, le perroquet, il y a peu. » Il éclate de rire et m'explique que le patron est son meilleur ami. C'est fou comme les chemins peuvent s'entrecroiser ici.

En deux temps trois mouvements, me voici à moitié nu. David masse mes pieds gonflés et me raconte sa rencontre avec le propriétaire de Kathie au cours de l'un de ces pèlerinages. Je ne me souviens plus de rien, le massage fait son effet. Je suis si détendu que je somnole. Au moment où je pique du nez, la radio se met à diffuser un vieux tube de Kate Bush : « Don't give up, cause you're half way. » J'aime bien cette chanson, je me mets à chantonner puis, au deuxième couplet, les paroles s'éclairent : « Ne laisse pas tomber, tu es à la moitié du chemin. » Encore une magnifique invitation à continuer.

Cette route est vraiment magique.

Juste avant que David ne commence, il me demande depuis combien de temps je marche. Un ou deux jours ? Quand je lui apprends que j'ai déjà fait la moitié du chemin, il s'étonne. Il palpe mes pieds, il est sceptique. Pour lui, c'est impossible. J'insiste : « Puisque je te le dis. » Mais cela m'est égal qu'il me croie ou pas. Le professionnel du pied demeure inébranlable : « Tu n'as pas une seule ampoule, pas une seule cicatrice, c'est impossible. » Je lui donne ma parole. Moi aussi, cela m'étonne. Habituellement, dès que je porte une nouvelle paire de chaussures, j'ai des ampoules. Et ici, sur la Route, rien. Seule explication : mes chaussures de marche, des canadiennes, sont sans aucun doute les meilleures du monde. David sourit et continue son travail en silence.

Après ce traitement, je me sens renaître et prends mon habituel *café con leche* et un *bocadillo* au fromage sur la *plaza* à l'ombre des colonnades.

Ce matin, le petit déjeuner a été merveilleux, en comparaison du reste. Les repas sont presque partout mauvais. Pas au sens d'immangeables, mais sans grand goût, mal préparés. C'est peut-être ce qui convient, sur la Route. La nourriture est accessoire et ne procure aucun plaisir en particulier. On apprend à apprécier un simple sandwich. Il faut juste se maintenir en forme et stimuler l'estomac, sans excès. C'est un pèlerinage, pas un circuit gastronomique. Au moment où j'avale mes dernières bouchées, je vois arriver l'Autrichienne au coin de la rue, qui cherche son chemin. Elle vérifie sans doute s'il n'y a pas une épicerie, par ici, mais c'est l'heure de la sieste en Espagne. Pour le shopping il faudra repasser. Mais la surprise du jour m'attend : la Viennoise traîne Schnabbel et Gerd dans son sillage. Et ce qui devait arriver arrive : elle se dirige vers ma table pour s'asseoir. Je n'ai rien contre. Schnabbel n'y tient pas, elle. Et même si Gerd le voudrait bien, il n'a rien à dire. Elle est encore vexée, à cause de cette histoire de pique-nique. Du coup, l'Autrichienne hésite et ne veut pas la mettre mal à l'aise. Elle me demande à quelle heure ouvre la *panadería*. Traduction : une épicerie qui fait aussi boulangerie.

En Espagne, les magasins ouvrent après la sieste. C'est l'une des choses que l'on sait par cœur après trois semaines de pèlerinage : jamais avant cinq heures. L'Autrichienne fait l'ingénue comme si elle ne l'avait jamais remarqué. Puis elle veut savoir combien de langues je parle. Elle compte : français, espagnol, italien, anglais… Autre chose ?

Je suis tenté de répondre en singeant son dialecte viennois

mais j'y renonce, et j'ajoute le néerlandais. Avant ce voyage, je me serais trouvé prétentieux, mais, après tout, c'est vrai. Alors pourquoi s'en cacher ?

L'Autrichienne me scrute, dubitative. On voit qu'elle n'a pas assisté à ma prestation avec Larissa de Gouda. J'ai pourtant très envie de faire la connaissance de ces trois-là. J'ai l'impression de les avoir créés, qu'ils viennent de sortir de l'un de mes sketches.

L'Autrichienne est vraiment typée, avec son chapeau tyrolien et sa quête sans fin d'épiceries[1]. Il y a des gens comme ça, qui répètent toujours les mêmes choses où qu'ils soient, comme chercher des épiceries au beau milieu de la pampa. J'ai très envie de rire. Quant à Schnabbel et Gerd, ils sont vraiment extraordinaires. Je ne connais personne d'aussi étroit. J'apprends qu'ils sont de Remscheid. Alors qu'ils restent debout, Schnabbel prend la parole. Sa voix est grave et prétentieuse. Elle a une histoire à raconter, mais elle ne la raconte pas, en vérité. Elle s'écoute. Elle affirme, comme le feraient le pape ou la reine d'Angleterre : « Il y a trois ans, comme nous faisions pour la première fois ce pèlerinage, nous avons croisé deux types jeunes et costauds sur la Route, des séminaristes. À l'étape, le soir, au moment de la messe, les deux gars en question se sont avancés vers l'autel en clopinant, en se soutenant l'un l'autre. Moi, derrière, je marchais en pleine forme, droite comme un i. » Elle se met à rire et je reste muet devant tant de bêtise. Quelle impressionnante victoire ! Elle se croit supérieure à deux jeunes types malheureux et complètement crevés. À cet instant, un déclic se produit en moi. Combien de fois n'ai-je pensé de la sorte, moi aussi ? Schnabbel me montre mon plus gros défaut. Dois-je me montrer reconnaissant ? Tandis qu'elle se repaît

---

1. En allemand, l'Autrichienne emploie en effet le mot *G'schäfterl*, terme populaire d'Allemagne du Sud et d'Autriche qui désigne une épicerie où l'on vend de tout.

d'elle-même, je n'ai plus envie de l'écouter. J'ai une faim de loup malgré tout ce que j'ai dévoré depuis mon arrivée, et je comprends maintenant pourquoi elle ne veut pas s'asseoir. C'est la plus grande de nous tous et si elle s'assoit elle ne pourra plus regarder les gens de haut.

À cet instant, j'aperçois une très belle femme de l'autre côté de la rue, et je la suis longuement du regard. Elle me voit et me fait signe. Je ne sais pas qui c'est. Elle vient vers moi en courant : « Hello, Hans-Peter ! C'est moi, Lara. » Je sursaute. C'est assez gênant, je ne l'avais vraiment pas reconnue.

Sortie de sa douche, sans chapeau ni lunettes, avec ses longs cheveux blonds, on croirait Miss Canada. Schnabbel la salue rapidement et revient à son sujet favori : elle-même. « Je trouve le Pays basque très beau, c'est si propre, cela m'a beaucoup plu. Mais pourquoi des bombes explosent-elles continuellement ? Je ne comprends pas : des gens qui habitent une si belle région. »

À ces paroles, je m'assombris. Schnabbel lit-elle dans mes pensées ? J'ai eu exactement la même réaction en traversant le Pays basque. Mais quand ça sort de sa bouche, cela me semble beaucoup plus maladroit et stupide.

Néanmoins, je suis d'accord, je pense qu'elle a raison – et je le lui dis, ce qui la réjouit. Lara abonde dans mon sens et cela m'apaise. Décidément, je l'aime beaucoup.

Mais c'est effrayant de partager mes pensées avec cette Walkyrie rhénane. Schnabbel et moi sommes plus proches que je ne le voudrais.

J'aimerais que ces trois olibrius disparaissent pour déjeuner en tête à tête avec Lara. Je crois qu'elle pense la même chose. Schnabbel l'a bien compris mais reste figée sur le bord du trottoir, entourée de sa cour. La conversation se perd. Je parle de ma douleur au genou et Schnabbel veut savoir lequel. Le gauche – qu'est-ce que cela peut bien lui faire ? J'aimerais bien connaître son prénom, tout de même :

sans doute un vieux prénom germanique : Ursel, Hildegard ou Inge. Mais je n'ai pas l'intention de lui demander. C'est déjà suffisamment agaçant que ces trois-là me connaissent et qu'ils n'aient même pas l'idée de se présenter. Pour l'instant, ce sera donc Schnabbel.

L'Autrichienne finit par avouer qu'elle trouve horrible d'être toujours prise pour une Allemande, ici. Cela explique sans aucun doute son chapeau tyrolien, mais elle ignore que cela évoque plutôt la fête de la bière, pour les Espagnols. Schnabbel et Gerd ne se sentent pas concernés par cette diatribe. J'imagine que pour eux, elle m'est plutôt destinée. Enfin, le trio lève le camp, l'Autrichienne va sans doute passer un sale quart d'heure. Je pense que je ne les reverrai plus.

Lara et moi restons assis à rêvasser au soleil. Nous n'avons plus grand-chose à nous dire car nous nous sommes déjà dit l'essentiel. Lara trouve que cette vieille Allemande est vraiment pénible et son mari lui fait de la peine. Je suis bien de son avis.

En rentrant à l'hôtel, j'allume la télévision. Quand je pense que l'on reproche à la télévision allemande son manque d'intérêt et sa médiocrité, elle est largement dépassée par la télévision espagnole. Sur toutes les chaînes, le prince héritier de Norvège, sa fiancée et son fils sont au cœur de l'info. Partout, des journalistes d'opérette commentent dans des décors de carton-pâte les vidéos d'obscurs paparazzis. Il a suffi d'un imbécile filmant le prétendant au trône avec toute sa suite pour que ces images sensationnelles de la jet-set soient diffusées en continu et inondent les télévisions du monde entier.

Ailleurs, des présentateurs vedettes – dont la seule préoccupation est d'empocher du fric en posant devant des logos publicitaires ou en livrant des détails croustillants de leur vie privée – sont à l'honneur. Ils battent des records d'Audimat. Ailleurs, des créatures éphémères, encore : la femme d'un chanteur explique devant une publicité de cognac qu'elle n'a pas vomi pendant sa grossesse. Incroyable ! J'éclate de rire. Une autre, liftée, révèle devant une marque de stylo bille qu'elle a couché deux fois avec Mister Espagne. Ce dernier – publicité pour un fond de teint en arrière-plan – dément.

Quelqu'un achète donc des stylos bille uniquement parce qu'il s'est intéressé aux aventures amoureuses de Mister Espagne ?

Sur une autre chaîne, une blonde plantureuse interroge le plus sérieusement du monde les candidats d'un jeu débile. La question qui vaut de l'or porte sur Hans Dingenskirchen, un tueur en série allemand. En quoi a-t-il transformé ses victimes ? En civet de lièvre, en rognons ou en fricadelles ? Je renonce. Le pire – je ne le nierai pas –, c'est qu'on reste là à regarder, sans bouger.

Tous ces rigolos devant leur publicité de gâteau ou de cognac se prennent pour des décideurs de haut vol et détaillent leurs histoires de fesses et de vomi en long et en large, avec le sérieux du président Bush à la veille du bombardement de Bagdad. Allez parler ensuite de dignité humaine ou de respect !

Ailleurs, j'assiste à un spectacle immonde. Naomi Campbell rend visite à des enfants leucémiques dans un hôpital de Madrid. Gros titre : « Naomi va consoler les malades. » Dix équipes de télévision, des gardes du corps, des dizaines de journalistes sont sur place dans un déluge de flashes. Le mannequin est aux côtés d'un jeune leucémique, entouré d'une meute affamée : « Assieds-toi à côté de lui ! Prends-le dans tes bras ! » Mais le jeune garçon a le bon réflexe : il se recule brutalement sans se laisser toucher.

Pourquoi diffuse-t-on des choses pareilles ? Est-ce que c'est censé signifier quelque chose ? Quelqu'un en a-t-il jamais retiré quelque chose ? Pourquoi y a-t-il des millions de gens pour jouer les voyeurs et personne pour tourner le bouton ? C'est à vomir. Même les yeux de Mme Campbell disent que c'est à vomir.

Je repense au jeune malade. Tandis qu'il livre le combat de sa vie, il sert de faire-valoir à une femme richissime, habillée en Gucci, qui vient montrer ses seins siliconés. Un seul objectif : être sur la photo.

Je suis presque autant en colère que ce matin, mais là, j'ai une raison.

J'aurais préféré une correspondance en direct de Sahagún – à l'occasion du meurtre sanglant d'une malheureuse Autrichienne sans défense, commis par un couple de retraités de Remscheid. Au moins, j'aurais appris le prénom de Schnabbel. Mais rien !

J'espère que nous ne descendrons pas aussi bas que cela, en Allemagne. Ce déferlement de vidéos people va forcément finir par produire l'effet inverse : d'abord le mépris puis l'indifférence. En fait, ces émissions sont comme un traitement homéopathique. On avale la dose, les symptômes s'aggravent, puis le mal est vaincu quand le corps a appris à le combattre.

Je suis vraiment en colère. Je comprends pourquoi je suis bilieux. Pas étonnant, à force de refouler. Je ne sais pas si je suis de nature colérique, mais si je suis hors de moi après avoir vu des émissions de télévision aussi nulles, c'est que j'ai un problème. Je n'ai aucune raison de m'énerver contre des inconnus. En fait, je m'en veux peut-être parce que je ne suis pas généreux, parce que je fais trop peu pour les bonnes causes. Il faut toujours y aller doucement quand on se met à réfléchir. Aujourd'hui, l'opinion est plus ou moins téléguidée par les médias. Il n'y a qu'à voir les baromètres et autres sondages. Qu'est-ce que cela nous apprend ? Rien. Absolument rien. Notre opinion n'a aucune importance, pas plus que le sujet sur lequel elle porte.

Allongé sur mon lit, la fenêtre grande ouverte, je me demande à nouveau ce que Dieu représente pour moi.

Beaucoup de mes amis se sont détournés depuis longtemps de l'Église, ils la trouvent vieillie, usée, figée et beaucoup trop inhumaine. Du coup, la plupart se sont également détournés de Dieu. Quoi qu'il en soit, ça m'est égal que Dieu soit une personne, un être, un principe, une idée, une lumière ou un plan d'architecte. Je crois qu'il existe ! Il me fait penser à un très bon film qui a reçu plusieurs prix. L'Église officielle, ce serait le cinéma de quartier dans lequel on projette le film. La salle n'est pas balayée, l'écran est jaune, peut-être même troué. La sono grésille, tombe en panne ou diffuse des annonces stupides pendant la projection du type : « Le conducteur de la voiture immatriculée Remscheid SG 345 est prié de déplacer son véhicule au plus vite. » On est mal assis sur des sièges en bois qui grincent, la vue est bouchée par un grand type sur le siège de devant, les gens bavardent entre eux, on n'entend rien.

On ne peut pas dire qu'on prenne grand plaisir à regarder un chef-d'œuvre dans de telles conditions. Beaucoup sortent en disant que le film est mauvais, tout simplement. Mais celui qui regarde avec soin découvre la beauté du film. La projection est mauvaise, mais cela reste un chef-d'œuvre. L'écran et la sono ne renvoient que ce qu'ils sont capables de renvoyer. C'est humain, en fait.

Le film, c'est Dieu. J'espère qu'on pourra le voir un jour en 3D, en stéréo et dans son intégralité. Peut-être même qu'un rôle nous y attend.

En tout cas, je me trouve courageux. J'ai tenu, j'en suis là alors que je ne suis même pas sûr de trouver quelque chose au bout du chemin.

Pensée du jour : On peut voir des chefs-d'œuvre à des moments et dans les endroits les plus inattendus…

30 juin – León

J'ai mal dormi, je suis courbatu. Hier soir, la ville a organisé une grande fiesta en l'honneur de saint Pierre – ma fête encore une fois. Les gens sont sortis par milliers dans la tiédeur de la nuit. Moi, avec mes pieds en compote, j'ai préféré gagner mon lit et me suis couché, la fenêtre grande ouverte. Quelques heures plus tard, j'étais cependant le héros involontaire d'une tragi-comédie espagnole.

En effet, très tard dans la nuit, vers deux heures et demie, un groupe d'ados s'échoue sous ma fenêtre, dans un tapage infernal. L'un de ces sympathiques jeunes gens a apporté un pistolet chargé et la joyeuse bande, que l'alcool a enhardie, décide de tester l'arme. Ils choisissent parmi eux – et le plus sérieusement du monde – celui qui risque le moins devant un tribunal, en cas de mort d'homme ! Le plus jeune fera l'affaire, il a quatorze ans. Les discussions vont bon train : Où viser ? Sur qui tirer ? Les chers petits monstres tombent rapidement d'accord. Ma fenêtre ouverte constitue une cible parfaite. Je crois rêver. Ils veulent tirer dans ma chambre, je trouve ça tellement incroyable que j'en ris. J'ai sûrement mal compris.

Malgré tout et pour plus de précaution, je décide de ramper sur le carrelage, vers la poubelle. J'ai l'air ridicule, on dirait un gros phoque aplati. Mais cela vaut toujours mieux que d'être atteint par une balle.

J'imagine déjà les gros titres de la télévision espagnole et les commentaires triomphants de Schnabbel expliquant devant les caméras que j'étais un type bien, mais pas assez, sans doute. Je me vois baignant dans mon sang et dans mon tee-shirt Mickey, exposé aux yeux du grand public. J'entends le juge pour enfants, s'il en existe, décrire le crime d'une voix outrée et inscrire au bas du procès-verbal le nom de la victime : le mien. Le petit gars qui va me descendre hésite encore, malgré les encouragements forcenés des plus grands. Ce jeune est une mauviette, c'est ce qui me sauve. « Allez, vas-y ! » S'il tire, il va sûrement le regretter aussitôt. Il jurera que ce n'était pas prémédité et il retrouvera ses copains après une semaine de garde à vue – pour se saouler joyeusement. La poubelle à la main, je me traîne jusqu'à la salle de bain et la remplis d'eau à ras bord. J'imagine mon enterrement derrière l'église romane de San Lorenzo. David le masseur mettra du baume au cœur de Lara en lui expliquant que j'ai quitté la ville depuis deux jours. Schnabbel débitera l'une de ces histoires d'un ton sans réplique. Gerd appuiera sa tête sur son bâton et l'Autrichienne jettera son chapeau sur mon cercueil en demandant s'il n'y a pas une épicerie qui vend des chapeaux. Oui, cela sera sûrement comme ça. Je me redresse en un éclair et précipite mon seau sur la tête de ces imbéciles. Un quart de seconde plus tard, on entend un grand splash sur l'asphalte. Et ils se mettent à gueuler comme de beaux diables. J'ai mis dans le mille.

Pour dévier le cours de mon destin, je fonce réveiller le portier de nuit et l'oblige à appeler la police. À leur approche, toutes sirènes hurlantes, les gamins décampent à la recherche d'une autre victime.

Je suis furieux. Oubliée la sérénité chère au dalaï-lama. Quelques minutes plus tard, je trouve l'incident plutôt drôle. J'ai refermé ma fenêtre et baissé les stores, on ne sait jamais. S'il y a eu un feu d'artifice dans la ville, je ne l'ai pas vu.

Alors que je cherche en vain le sommeil, un événement me revient. Une expérience unique, celle de la mort qui vient – à la suite d'une grave intoxication. Un plaisir plutôt ambigu : d'abord une peur panique, puis, le moment venu, une immense sérénité et la pensée qui s'organise, en toute tranquillité. Des choses extrêmement banales

Sahagún, méfiez-vous de l'eau qui dort !

prennent une importance considérable et surtout cette question : « Qu'est-ce que j'ai fait pour les autres ? Pour les hommes ? les animaux ? Et qu'est-ce que les autres ont fait pour moi ? » Puis, il y a un dernier pas à faire, une sorte de portail à franchir, à vrai dire une ouverture grosse comme le chas d'une aiguille. C'est le moment le plus banal et le plus solennel de l'existence.

Pour moi, c'est le cliquetis d'une capsule de bière que l'on ouvre et le Philharmonique de Berlin au grand complet qui joue la Neuvième. Banal et solennel à la fois.

Ce jour-là, je me suis seulement approché du seuil, sans le franchir. Je n'ai vu aucune lumière.

Quoi qu'il en soit, ce matin, je suis crevé même si le reste de la nuit a été plutôt calme. Je ne marcherai pas aujourd'hui, la canicule monte. Sans regret, je décide de sauter deux étapes et de prendre le train pour León. Deux jours de pause m'attendent dans cette dernière grande ville, avant Saint-Jacques.

Je regrette de ne pas pouvoir marcher, mais je n'ai aucune énergie, ni physique, ni mentale. Je me réserve pour les cent derniers kilomètres à pied, je veux absolument valider mon pèlerinage. Lara a sans doute repris la route et comme j'ai brûlé les étapes, je ne pense pas la revoir, mais j'ai son email.

J'espère au moins être débarrassé du trio Schnabbel, Gerd et l'Autrichienne. C'est dimanche aujourd'hui. Elle doit être triste : les épiceries sont toutes fermées. À la gare, j'ai une heure et demie d'attente. Je m'assieds sur le quai désert et photographie « Sahagún » inscrit sur une mosaïque. Je me demande ce que ce nom à consonance arabe peut bien signifier.

Puis je sors mon calepin. Je ne sais pas trop pourquoi j'écris. Je me demande si quelqu'un d'autre que moi lira cela, un jour. C'est sans doute de la vanité, mais j'ai l'impression qu'on pourrait le publier. Pourtant, je n'ai pas l'ambition d'être écrivain, mais je consigne méticuleusement mes impressions, avec tous les détails, comme si c'était important de le faire. Je sais qu'on attendrait plutôt de moi un livre sur un tout autre sujet, mais c'est cela qui m'excite.

La plupart des gens prennent cette Route après avoir lu Shirley MacLaine ou Paolo Coelho. Peu m'importe ce qu'on peut dire ou penser de leurs livres, en tout cas, c'est incroyable le nombre de gens auxquels ils ont donné l'idée de marcher sur cette Route.

Tous ceux que j'ai rencontrés en chemin n'ont pas exprimé le moindre doute sur les vertus du pèlerinage. Tous sont fermement convaincus, à leur façon, qu'il existe un être suprême qui possède un pouvoir décisif ici-bas.

Peut-être ont-ils des doutes mais ils les gardent pour

eux. Moi je les écris et j'avoue que chaque jour je doute à nouveau.

Est-ce que je suis dans le bon bateau ou ne suis-je qu'un cinglé parmi des milliers d'autres ? À certains moments, je n'ai aucun doute. Puis, devant un guichet de gare, les jambes fourbues, le monde prend une autre dimension et mon regard se brouille.

Le doute ? Peut-être faut-il que je fasse avec lui comme avec la cigarette : apprendre à m'en passer.

Il y a quelques années, deux de mes amies, Carina et Christine, m'ont convaincu de m'inscrire à un séminaire sur la réincarnation. En effet, elles sont cinq et il leur manque un sixième larron. Comme je suis très curieux, je me laisse tenter. Nous voilà tous partis à Francfort, chez le Pr Karsten. C'est un homme sympathique, avenant et très savant. Il nous parle longuement et nous explique comment ça se passera, si quelque chose nous apparaît. Il nous prévient aussi que nous ne verrons peut-être rien du tout. Selon lui, le mieux, c'est de laisser les choses venir à soi en étant le plus détendu possible.

Nous sommes convaincus d'avoir eu une vie antérieure. Je veux bien l'admettre mais j'ai du mal à me le représenter. Karsten nous précise qu'à la fin de son séminaire nous aurons découvert le point commun entre nos vies antérieures à tous. Avant de commencer, il nous demande de noter les lieux et pays pour lesquels nous avons un rejet inexplicable.

La première journée de séminaire se déroule bien, quoique un peu tendue de temps à autre. On expérimente des techniques de méditation et de contemplation, on observe des images. Tout cela ne nous remue guère. À la fin de la deuxième journée, nous découvrons, sans ressentir beaucoup d'émotion, que nous avons tous vécu au Moyen Âge ou à la Préhistoire. Certains détails nous font réfléchir, mais franchement ce n'est pas saisissant. En tout cas, il règne une très bonne ambiance et nous nous amusons beaucoup.

Le troisième et dernier jour, Karsten explique qu'il va tenter sur chacun de nous une expérience émotionnelle dont nous n'avons rien à craindre. Je n'ai pas peur car je suis sûr de moi. Il nous demande de chercher ce qui nous gêne dans notre vie. Je sais tout de suite ce que je vais dire et je le garde pour moi. Je dois choisir une personne du groupe qui restera à mes côtés pendant l'expérience, pour me calmer si nécessaire. Je trouve ça un peu bête, mais pourquoi pas ? Je choisis Carina : après tout, elle a un diplôme de psychologue.

Il fait assez chaud dans la pièce éclairée par la lumière vacillante d'une bougie. « Hans-Peter, retrouvons maintenant l'une de tes autres vies. Tu y es ? » me demande Karsten comme si j'allais exécuter un double looping dans un grand huit. Tout ce cinéma me semble exagéré.

Je ferme les yeux pour vingt minutes de méditation, comme dans le manuel. Karsten ne cherche pas à m'influencer, il met les choses en route, tandis qu'avec sa main il appuie doucement sur mon plexus.

À la différence des autres fois, des images nettes et précises me viennent à l'esprit. Leur intensité fluctue et je ne suis pas maître de leur cours. Les événements affluent.

Je suis très ému. Je suis un jeune moine franciscain dans un couvent, à la fin de la Seconde Guerre mondiale. Au loin, je distingue Breslau. C'est l'automne et il a beaucoup plu : la terre brune des chemins et des champs est boueuse. Six autres frères et le père abbé vivent ici. Je me vois nettement, mais les autres sont plus vagues et flous, presque sans visage. Il y a beaucoup de force en eux. C'est effrayant, mais je suis parfaitement à l'aise dans ce couvent. J'en connais chaque détail et m'y retrouve sans problème. Une religieuse revient de la ville, comme tous les jours, sur un vélo rouillé, pour nous apporter les restes des repas des hôpitaux dont nous nous nourrissons chichement. Dans la chapelle, j'assiste à la messe avec mes frères. Tout est comme si j'étais chez moi. Soudain, je suis à la fois dans le bureau du père abbé et sur le tapis du duplex de Francfort, je m'entends clairement m'adresser au père abbé et à Karsten : « Le charbonnier va passer aujourd'hui, je l'accompagnerai à la cave. » Un sentiment d'anéantissement m'envahit. Je guide le marchand de charbon et sa brouette de briquettes vers la cave blanchie à la chaux.

Mon cœur bat à tout rompre et, sur le tapis, je respire de plus en plus difficilement. Pendant que l'homme décharge, je ne le quitte pas des yeux. Je le surveille et l'occupe car les quatre membres d'une famille juive, un jeune couple et leurs deux petits enfants, sont cachés tout près – derrière un tas de navets. Mon regard va sans cesse dans leur direction. Je prie le ciel. La cachette est dangereuse. Une peur indescriptible m'envahit. Le charbonnier disparaît.

Ensuite, je m'entends hurler de peur dans ma cellule, à travers la fenêtre grande ouverte. Ce doit être très tôt le matin, des camions arrivent : des Allemands en uniforme envahissent le cloître. On me traîne contre le mur du couvent, où sont rassemblés mes frères. La famille juive désespérée fond en larmes, tandis qu'on la pousse dans un camion. On les embarque. Un soldat lit notre arrêt de mort, le père abbé et les moines restent silencieux. Une peur indicible monte en moi.

Je sais bien que je me trouve à Francfort, mais tout mon corps tremble et, même les yeux ouverts, je reste prisonnier de cette histoire. Karsten et Carina tentent de me calmer, mais rien n'y fait. Le père abbé signifie à l'officier que nous renonçons au bandeau qui nous est proposé. Puis le prieur entame un choral en latin, auquel tous répondent, sauf moi : « Le seigneur est mon berger. »

Les fusils sont chargés, les soldats visent et, moi, je tremble, mes genoux s'entrechoquent et mon dos se glace.

Je ne crois plus en Dieu. J'ai perdu la foi. Je hurle : « Je ne veux pas mourir ! » L'un de mes frères m'apostrophe : « Hans-Peter, nous marchons vers le Seigneur. Notre route s'achève. » Je tremble comme une feuille, impossible de me calmer. Carina me couche sur le sol. Le coup de feu claque. J'ai été fusillé. Cela s'est passé très vite et je suis mort. Je vacille dans l'espace, comme une flamme. Sept autres étincelles tournoient de plus en plus vite, s'éloignent et disparaissent. Moi je n'y arrive pas. Trois formes lumineuses diffuses s'approchent, me calment et l'une d'elles me dit : « Tu as vécu toute ta vie sans douter. Pourquoi douter maintenant ? »

Sur la liste des endroits inexplicablement hostiles, je n'avais écrit qu'un nom : la Pologne. En plus, je n'y ai jamais mis les pieds. J'irai voir un jour à Breslau ce qu'il en est de moi. Mais aujourd'hui, je dois aller à León.

Tout cela m'est-il vraiment arrivé ? Je n'en ai aucune idée. Je ne pourrai pas l'affirmer. En tout cas, sur le tapis de Francfort, je l'ai réellement vécu. Cela m'a profondément ému et pour longtemps. Quant au point commun de notre groupe, nous l'avons découvert : nous avons tous été, à une exception près, des victimes du fascisme.

Me voilà à la gare de Sahagún, à douter. Si j'ai eu un jour une foi solide, je veux la retrouver.

Dans le train qui me conduit à León je reste debout dans le couloir à regarder au loin le chemin de Saint-Jacques. Les étapes que je laisse derrière moi auraient été très dures et j'aurais eu du mal à les faire dans mon état physique. Çà et là, des pèlerins se fraient péniblement un chemin à travers les collines et la lande. Je pense à l'île de Sylt. Je ne regrette pas le train : cela m'a sans doute épargné bien des mésaventures, même si j'ai raté quelques belles choses. Je me sens bien. Ce *Camino* dégage vraiment une énergie inexplicable, il vaut la peine d'être tenté.

Mais j'ai des hauts et des bas, ce n'est pas toujours facile à supporter. À la maison, je ne ressens rien de tout cela. Ici, le matin, je suis comme un chevreuil abattu sur la route. Ma mauvaise humeur est un vrai problème. Plus tard dans l'après-midi, je suis en forme, bien dans ma peau, en totale harmonie avec le monde. Et le soir, je suis à nouveau en proie à mes pensées, ou mort de fatigue, ou surexcité. Je suis content de faire une pause, mon corps en a vraiment besoin.

Comme me l'a conseillé Josée, je vais me payer un hôtel de luxe en plein centre de León. La gare est à plusieurs kilomètres de la ville, j'en profite pour faire le tour des curiosités. Cette magnifique capitale castillane, toute en grès, est une cousine de Madrid. Mais tout y est à taille humaine, pas aussi élégant peut-être, mais plus vivant et plus accueillant, avec une très légère touche de snobisme. León éveille la curiosité et stimule l'esprit. Je suis fasciné par son magnifique *parador*, j'ai du mal à imaginer que des hommes aient pu concevoir cette architecture.

Au beau milieu de la vieille ville, l'élégant hôtel Alphonse-V propose une réduction de 40 % pour deux nuits. Pour moi qui suis toujours à l'affût d'une bonne affaire, c'est parfait.

Au-dessus du grand escalier, le blason de sa défunte majesté accueille le visiteur. Ma chemise en jean froissée et tachée détonne dans ce décor, je suis vaguement inquiet, mais j'obtiens une chambre sans problème. Dans cette maison, on semble habitué à pire. Je leur sortirai tout à l'heure ma chemise de ville sans faux pli, histoire de les épater.

Ma chambre est luxueuse, avec une très belle vue sur les ruelles de la vieille ville. Après un bon bain et une grande lessive, je téléphone à la maison et envoie des cartes postales rassurantes à mes amis qui ont suivi en direct ma tentative d'exécution à Sahagún, par portable. Ils veulent tous que

Sur les toits de León.

je rentre au plus vite. Au moment où je me demande s'ils n'ont pas raison et s'il ne vaut pas mieux tout arrêter, la lampe de mon secrétaire siffle et claque – alors qu'elle était éteinte. J'ai juste vu un éclair traverser la pièce : l'ampoule est grillée. Je préfère sortir, sans réfléchir.

La cathédrale est construite dans le plus pur style proto-gothique, au cœur de la ville, sur la plaza de la Regla. On dit que c'est la plus belle d'Espagne.

Evi et Tina, mes amies suédoises, surgissent soudain tout sourire, derrière un immense candélabre en fer forgé. Elles ont dû marcher vite pour être déjà ici. Nous sommes très heureux de nous retrouver et nous nous embrassons en riant. Les deux jeunes femmes m'invitent sur-le-champ à dîner. Mais aujourd'hui je préfère être seul. Je ne sais pas si elles comprennent, en tout cas elles sont très déçues. Moi-même, je ne comprends pas trop. Mais c'est comme ça. Je pars flâner dans la ville sans but précis. J'achète une place de cinéma pour *Combinación ganadora*, un film avec Travolta, dont le titre original devrait être « Combinaison gagnante » ou « La Clé du bonheur ». Le film est très drôle. Mais je n'ai pas aussi bien compris que lors de ma précédente séance. C'est vrai qu'ils parlaient vite et que je suis sans doute plus fatigué.

Je finis devant un plat de tapas, dans un bar inondé de musique espagnole assourdissante. C'est pas désagréable cette musique, après le silence de la marche. Sur le *Camino*, l'ambiance est plutôt feutrée.

Je suis le seul client du bistrot. Il fait très chaud et il est encore trop tôt pour qu'un autochtone se risque à sortir. Tout en mangeant des dattes enveloppées dans du jambon, je me demande où je pourrais rencontrer Dieu.

Mon regard fait le tour de la pièce. Sur la porte des toilettes s'affichent les images de deux gros bébés : une fille et un garçon. Sur le trottoir, un petit vieux et une petite vieille boitillent avec une expression triste et figée. À la porte, le barman balance ses pieds et fait le guet. Il attend quelque chose.

La canicule s'est abattue sur León.

Enfin, il se passe quelque chose. Une ambulance ramasse une *señora* âgée victime d'une rupture d'anévrisme. À la télévision du bar, un beau Mexicain entonne une chanson sentimentale : *Imaginas me en ti*. Je reste collé à l'écran. « Imagine que je suis en toi » ou « Imagine mon corps dans le tien ».

De qui s'agit-il ? De moi ? De Dieu ? Encore une chanson bien à propos.

J'essaie de me représenter Dieu en moi et cela me fait du bien. Ai-je trouvé ?

Peut-être s'agit-il seulement de se représenter ce dont j'ai besoin. Je vais faire le test ces prochains jours : il faut essayer, sinon le pèlerinage ne sert à rien.

Dans la soirée, des centaines d'Espagnols envahissent la *plaza* et dansent en rond. Ils se tiennent par la main. En

Lumière diffuse dans la cathédrale de León.

rentrant à l'hôtel, près d'une caisse d'épargne, une affiche géante attire mon regard : « Fermez les yeux et faites un vœu. »

Je m'exécute sans tarder.

Ces derniers jours, j'ai souvent pensé que je me trompais et que je prenais la mauvaise direction. Je me souviens de la fois où j'avais choisi la mauvaise route. J'étais persuadé de prendre la bonne, pourtant. Je savais bien au plus profond de moi que je me trompais mais c'est tellement simple de faire taire sa voix intérieure. C'est comme avec une radio, il est plus facile de trouver la bonne fréquence que de l'enregistrer. Tout ce qui m'est arrivé dans ma vie resurgit ici, sur ce Chemin – et je ne cesse de repenser à toutes les fois où j'ai approché la mort.

J'aime m'attabler dans la Königsallee de Düsseldorf, devant un cappuccino, pour surprendre les discussions des vieilles dames. Elles ont inspiré plusieurs de mes sketches.

Par un après-midi ensoleillé, une dame assez âgée monte l'escalier, appuyée sur sa canne. À la dernière marche, elle jette un regard désespéré dans la salle, tente de rassembler ses forces et tombe brutalement à mes pieds. Son jeune accompagnateur, pétrifié, ne réagit pas. J'ai pourtant suivi un cours de secourisme, mais sur le moment, rien n'est revenu. Elle est tombée si lourdement que je crains qu'elle ne se soit cassé quelque chose. Je dégrafe son chemisier, je pose sa tête sur mon genou et hurle : « Vite, un médecin ! » Silence dans le café. Personne ne bouge. Une serveuse se penche sur elle et déclare avec un accent polonais, laconique : « C'est fini ! » Je l'engueule comme je n'ai jamais engueulé quelqu'un. Elle se décide enfin à décrocher le téléphone. Je suis hors de moi, la mourante me fixe de ses grands yeux. Je prends son pouls, elle bleuit lentement, on n'entend rien, pas un gémissement. Elle meurt, la tête sur mes genoux. Au bout d'une éternité, le médecin des urgences arrive pour constater le décès.

Tout à mon désespoir, je lui demande ce que j'aurais dû faire. Il répond : « Rien. » Seize ans se sont écoulés depuis cette histoire. Lorsque j'ai remis les pieds dans ce café, je n'ai pas cessé de fixer l'endroit où elle était morte. Le soir même, j'avais rendez-vous avec des amis qui ne sont même plus que de simples relations, aujourd'hui. J'arrive, encore tout retourné, et raconte mon histoire. L'un d'eux se moque de moi et imite le râle de la mourante. Après avoir insulté ces excités, je quitte les lieux. Deux ans plus tard, j'ai appris que celui qui s'était si bien moqué de la morte venait de mourir à son tour.

Ma deuxième expérience de la mort est très curieuse. C'était à Hambourg, nous étions avec mon imprésario dans le bureau d'un producteur pour discuter d'un projet de film. Nous venions de nous asseoir et d'avaler notre première gorgée de café quand nous avons entendu des claquements dans la rue. Nous sommes sortis. À trois mètres de nous environ, devant une blanchisserie, un homme hagard tient un couteau de cuisine à la main. Dix mètres plus loin, sur la droite, un policier brandit son pistolet en hurlant : « Jetez votre couteau ! » La propriétaire de la blanchisserie hurle devant sa vitrine. L'homme est hébété, il a les mains levées, il ne bouge pas. Le policier fait un tir de sommation, l'homme a toujours son couteau à la main. Le policier lui tire dans le genou, l'homme vacille. Nous crions : « Arrêtez ! Ne tirez pas ! Ne tirez plus ! » Le policier tire à nouveau, une balle en plein ventre, le type devient tout pâle et s'écroule, mort. Je n'oublierai jamais son visage. Le sang n'a presque pas coulé. Je ne peux jamais passer à cet endroit sans m'arrêter pendant un court moment.

Le lendemain, on a lu dans le journal : « Un jeune policier s'est trouvé face à un homme armé d'un couteau, qui avait pénétré dans une blanchisserie. Cet homme avait menacé la propriétaire en exigeant cinquante marks. La femme est indemne, mais le jeune policier a tiré. » Quelques semaines plus tard, la police criminelle a pris ma déposition.

J'avais complètement oublié ces deux événements. J'ai l'impression que ce n'est pas de moi dont il s'agit. Mais ici, tout me revient, tout remonte à la surface.

Ma troisième expérience avec la mort : J'avais été invité à l'opération Wünsch Dir was[1] dans le cadre de laquelle je devais rendre visite à Alexandra, une jeune fille de dix-sept ans atteinte d'un cancer qui avait souhaité faire ma connaissance.

La visite doit durer au maximum deux heures, car Alexandra n'est pas en état de supporter plus. Au bout

1. Opération caritative. Littéralement : Fais un vœu.

de cinq minutes, je n'en peux plus, je suis crispé, artificiel, intimidé. Je ne sais pas comment m'y prendre pour lui parler. Je lui demande ce qu'elle ferait si elle sortait de l'hôpital. Elle répond : « Passer mon permis et foncer sur l'autoroute à deux cent quatre-vingts kilomètres/heure. » Voilà son rêve ! Quand je prends l'autoroute, je pense souvent à Alexandra, j'appuie sur l'accélérateur et j'en profite. Elle a sans doute remarqué que j'étais une créature bien misérable. Elle, c'était une vraie héroïne. Elle m'a rendu plus fort.

Une autre fois, j'ai ouvert la fête d'été des malades du sida à la clinique universitaire de Francfort. Auparavant, j'avais eu un entretien avec l'aumônier de l'hôpital. Je voulais un conseil pour savoir quelle forme donner à cette soirée d'ouverture. Il m'avait répondu de faire comme j'avais toujours fait. Comme d'habitude.

Les patients qui le peuvent encore quittent leur chambre pour se retrouver au foyer, décoré pour l'occasion. C'est une magnifique journée d'été et on a une très belle vue sur le parc. Devant moi, des hommes et des femmes à des stades différents de la maladie. Plusieurs sont très atteints et le virus de Kaposi leur cause une sorte de cancer de la peau. Leurs visages et leurs corps sont détruits. Depuis l'escalier transformé en tribune, j'observe ces malades. Certains sont accompagnés par des parents ou des amis, mais la plupart sont seuls. Le personnel du service a tout mis en œuvre pour que chacun puisse passer un bon moment. L'un des patients gémit horriblement et cela me retourne le cœur. Je suis comme un idiot en haut des marches.

Est-ce que je vais dire que je hais Dieu pour le mal qui s'abat sur ces hommes ? Non, il faut que je balance quelque chose d'amusant. Au début, je ne regarde que les infirmières et les médecins, puis je prends confiance et je regarde les patients dans les yeux. Quelque chose s'installe, qui ressemble à une bonne ambiance. Je suis seulement un peu plus délicat et fais plus attention que d'habitude. Je me trouve pourtant mauvais comme tout. Après, je vais discuter avec certains d'entre eux, très contents de me voir. Un tout jeune homme en chaise roulante me console. Ce qui me fait le plus plaisir, c'est ce que me disent deux mères de famille. Elles avouent que le *coming out* les a aidées à se réconcilier avec leur fils.

Cette journée aussi, je l'avais oubliée, mais encore une fois, tout réapparaît. C'est important d'être seul, parfois, pour comprendre pourquoi on a vécu ces histoires, ces moments-là, et comment on peut vivre avec.

Pensée du jour : Ma faiblesse est aussi ma force.

1er juillet – León

Ce matin, je déguste un petit déjeuner princier en terrasse, mais j'aimerais bien parler à quelqu'un. Je ne veux plus être seul. Je me demande comment font les autres pour supporter la solitude. Si je ne rencontre personne, je préfère tout arrêter. J'ai encore trois cents kilomètres à parcourir ! Je ne me sens pas capable de les faire seul. J'aimerais trouver de vrais amis pour marcher avec eux. Je n'ai jamais été seul pendant aussi longtemps et cela me ronge. Mon journal ne me suffit plus. C'est frustrant car León est magnifique et respire la joie de vivre. Mais ici, je ne connais pas un chat. Hier, j'aurais dû aller dîner avec Tina et Evi, mais je n'en avais pas envie, et maintenant je le regrette. La vieille ville demeure très attirante, il y a encore beaucoup à voir. Qui sait ? Ce sera peut-être l'occasion d'une belle rencontre. Le temps est magnifique. Même si nous ne nous quittons plus, je me sens très léger sans mon sac à dos. J'ai à peine parcouru cinq cents mètres que je tombe dans les bras d'Evi. J'ai vraiment de la chance ! Je m'excuse d'avoir décliné son invitation d'hier et l'invite à prendre un café. Tobias, l'une de ses vieilles connaissances, se joint à nous. À son accent, je devine qu'il est de Mayence ; c'est un type qui fait deux mètres de haut et qui parle très mal *british*. Tina est déjà repartie. Quant à Evi, elle est bloquée à León à cause de ses problèmes de pied. Elle est tendue parce qu'elle ne veut pas abandonner. Aujourd'hui elle veut décompresser, se reposer. Elle évoque ses dix années à bord d'un navire de croisière de luxe scandinave, comme commissaire de marine. Elle a parcouru le monde, puis elle a tout envoyé promener, excédée par les riches plaisanciers, pour partir au Brésil s'occuper des enfants des rues. Après s'être cassé la jambe sur la Route, il y a un an, elle a dû abandonner sa mission. Elle s'est mise à étudier la pédagogie sociale à Stockholm, en donnant des cours d'anglais pour financer ses études. Mais le *Camino* la tient et ne la lâche plus. Elle veut y arriver.

Elle est originaire de Gällivare en Laponie. Je connais bien cet endroit, au-delà du Cercle polaire, je m'y suis rendu pour la première fois à dix-sept ans pour admirer le soleil de minuit.

Au moment où Evi me questionne sur mon métier, Tobias répond à ma place : « C'est un comique, il est délirant ! » Ce type a vu toutes mes émissions. Lors du dîner à Fromista, j'avais très vaguement évoqué mon activité de « music-hall». Elle n'a pas l'air étonné : c'est bien ce qu'elle pensait.

À notre grand amusement, Tobias sort de son sac quelques objets désopilants. Incroyable ! Bombe à poivre, matraque ultrasons, boîte à électrochocs... Sa mère les lui a glissés pour se protéger des chiens errants. Le temps de sortir tout ça, les fauves l'auront déjà croqué ! Ce Germain athlétique a aussi peur des chiens que moi. Par chance, j'en ai rencontré très peu et ils ont toujours été inoffensifs. Mais le danger, aux dires des pèlerins, est beaucoup plus important dans la seconde moitié du *Camino*. On raconte même qu'une pèlerine du Canada a été guettée par un loup, tandis qu'elle dormait à la belle étoile. J'espère que ce n'est pas Lara. C'est justement dans ce coin où j'ai rencontré l'affreux chien en manque d'affection. Il paraît qu'il y a vraiment des loups. Depuis les aigles, je ne m'étonne plus de rien.

Tobias nous quitte, après avoir consciencieusement rangé son arsenal de guerre. Un pèlerin originaire de Karlsruhe le relaie et se plante devant moi, sans arriver à y croire : Kerkeling en chair et en os.

De la rue piétonnière, quelqu'un m'appelle : un tee-shirt rouge et bleu du FC Barcelone. C'est Anne, l'Anglaise de Santo Domingo. Nous nous embrassons comme si nous étions des amis de toujours. Evi et Anne se connaissent déjà. Plus rien ne m'étonne.

La jeune femme de Liverpool raconte qu'elle dort beaucoup mieux grâce à mon Isomat, mais elle a tout de même mis une semaine pour comprendre son fonctionnement. Moi, je ne savais même pas qu'il fallait le gonfler.

Malgré sa bonne humeur, Anne semble déprimée. Non loin de Calzadilla de la Cueza – là où, paraît-il, hurlent les loups – elle a été violemment agressée par le directeur de l'auberge alors qu'elle rêvassait seule dans le dortoir. David, le masseur de Sahagún, qu'Evi connaît également, l'a débarrassée de ce sale type. Heureusement qu'il y a des amis.

Evi a d'ailleurs une histoire à peu près semblable à raconter. Elle traversait un coin quasi désert avec Tina quand un homme, en Jeep, s'est arrêté à leur hauteur pour leur faire des avances. Les deux filles prises d'une peur panique ont réussi à décamper. Et moi qui me plains tout le temps ! Pour une femme, le chemin est vraiment dur, et beaucoup plus dangereux. Anne nous montre ses pieds, ils sont en très mauvais état. Ses sandales à la mode les ont bousillés.

Comme nous, elle s'est arrêtée ici et doit changer de *refugio* pour la deuxième fois puisqu'on ne doit pas y dormir plus d'une nuit. Nous parlons de Dieu et du monde. Le soleil tape de plus en plus fort. Evi me fait alors remarquer que les mots allemand et suédois pour pasteur – *seelsörger* et *Sielsorger* - sont curieusement voisins. C'est ce qu'elle veut devenir. Tout à coup, Josée d'Amsterdam déboule elle aussi de la rue piétonnière. Bien sûr elle connaît Anne et Evi et veut aussi rester ici pour se reposer. Toutes ces coïncidences sont vraiment incroyables. León est pourtant une ville étendue : une fois et demie Heidelberg. La vieille ville est un labyrinthe de plusieurs kilomètres et je loge dans un quartier plutôt peu fréquenté par les pèlerins. Josée et Evi, sans le savoir, sont descendues dans le même hôtel alors qu'il existe une foule de pensions intra-muros. Nous nous détendons comme de vieux amis qui se retrouvent et nous nous fixons rendez-vous pour le dîner sur la plaza Santo Martino. Après le départ d'Evi et de Josée, Anne et moi restons un bon moment ensemble. Elle est sûre de m'avoir déjà vu quelque part, elle connaît mon visage. Déjà, à Santo Domingo, elle s'était posé la question. Je réfléchis, quelques-unes de mes émissions de télévision ont été diffusées par la BBC, il y a quelques années, en fin de programme. Ça lui revient : je suis bien ce comique allemand. Les shows étaient sous-titrés en anglais et pourtant elle trouvait cela génial. Anne estime étrange et très amusant de me rencontrer ici. Moi aussi. Quand je pense que ma seule fan anglaise, un docteur en biologie, boit un café en face de moi en plein cœur de León ! Il y a quelques mois, elle était au Nicaragua pour un projet de recherche sur les chauves-souris. Je l'ai toujours su : cette femme est nobélisable.

C'est une après-midi fantastique et ce soir je vais dîner avec mes amis. J'en rêvais ce matin, au petit déjeuner. Je me laisse aller, les yeux fermés, quand « le pèlerin des bords du lac de Constance » – c'est le surnom que je lui ai donné –

me salue. C'est un jeune homme que je croise depuis une semaine. Il arrive toujours à l'improviste et sa compagnie est insipide. Aujourd'hui, il veut savoir si je n'ai pas grossi sur le chemin. Qu'est-ce que cela veut dire ? Ce type a bien dix ans de moins que moi et vingt kilos de plus. Est-ce qu'il m'a vu quand j'ai pris la route ? Il hausse les épaules et attends. Je me tais.

Mais ce type a touché un point sensible car cela m'ennuierait beaucoup d'avoir grossi. Ce serait le comble avec les efforts que je fais. Vingt kilomètres par jour devraient quand même avoir un effet. Je vais me peser. Le Souabe ne bouge toujours pas, il attend quelqu'un. Je suis curieux de voir avec qui il s'est acoquiné. La surprise est de taille : ses nouveaux compagnons sont Schnabbel et Gerd. Elle est un peu mieux habillée et déborde de bonne humeur. Quant à Gerd, il est plus bronzé qu'un Marocain. Schnabbel me dévisage, et se demande, étonnée, comment je suis arrivé ici aussi vite. J'avoue sans détour : « Par le train. » Elle se met alors à hurler comme une folle : « Ah, non ! Ce n'est pas du jeu. C'est défendu. En tout cas, ça n'a aucune valeur. » Le pèlerin du lac de Constance me fixe avec des yeux accusateurs, mais Schnabbel n'est pas drôle du tout et personne ne rit. Elle devrait prendre des cours auprès de Tina.

Je lui réponds que ça m'est égal et que, de toute façon, seuls les cent derniers kilomètres comptent. Elle le sait très bien, mais cela ne lui plaît pas. Elle aimerait que lois et règlements se soumettent à sa personne. Quand je la regarde, debout devant moi, elle me fait penser à Eva Perón. Elle veut savoir si j'ai passé la nuit dans cet hôtel de Sahagún où une bande de jeunes a semé la terreur. Je le lui confirme et lui apprends même que les gamins avaient de fantaisistes plans meurtriers qu'ils auraient bien pu mettre à exécution. Gerd et Schnabbel sont suspendus à mes lèvres et rient de façon hystérique. Ils sont vraiment exténuants, je suis envahi par une insupportable fatigue.

Elle a vraiment des problèmes et lui aussi. Comment ont-ils fait connaissance du pèlerin grassouillet du lac de Constance ? Peut-être sont-ils à la recherche d'un enfant de substitution ? L'Autrichienne n'est plus avec eux. Qu'ont-ils bien pu faire d'elle ? Elle s'appelle Ute, ou du moins elle s'appelait ainsi. Je le sais par Evi qui m'a raconté qu'Ute pèlerinait depuis un an ! Elle est tout d'abord allée en Inde, et maintenant c'est au tour de Saint-Jacques-de-Compostelle.

Une longue discussion avec elle aurait sans doute été très intéressante. J'ai laissé passer cette chance et pourtant elle m'a souvent tendu la perche. Schnabbel m'assomme avec ses anecdotes. Elle a toujours le beau rôle. Elle est restée debout. J'en ai marre, je les quitte, pour ne plus les revoir. Du moins je l'espère. Je crois que j'ai compris la leçon, il ne me reste plus qu'à la digérer. Dans la première pharmacie venue, je monte sur une balance. Je suis soulagé, j'ai perdu du poids. Ouf !

En rentrant à l'hôtel, j'essuie une bonne averse. C'est la première fois qu'il pleut depuis le 10 juin. Josée m'a appris que la grosse lady de Seattle qui avait gravi le col de la Meseta à mes côtés est à l'hôpital pour une grave déshydratation.

Ce voyage est sans doute l'événement le plus insolite de ma vie. À 8 h 30, impeccable dans ma belle chemise, je suis de retour sur la *plaza*. La soirée est délicieusement tiède. Des centaines de pèlerins et d'Espagnols sont assis en terrasse sur des bancs de bois éclairés par des torches. La *plaza* brille dans ce crépuscule espagnol rouge orangé et un trio de danseurs de flamenco complète ce décor kitsch. Alors que je respire profondément, on me tape sur l'épaule. C'est Lara : il ne manquait plus qu'elle. Josée, Evi et Anne arrivent à leur tour sur l'esplanade. Les deux premières ont revêtu des robes d'été de couleur vive, Anne porte son éternel tee-shirt du FC Barcelone, fraîchement repassé.

Elles sont rayonnantes et Anne semble de bonne humeur. Bien sûr, Evi et Josée connaissent déjà Lara.

Nous nous installons à la terrasse d'un restaurant de poissons. Une belle soirée de détente devant un vin rouge capiteux et un bon dîner se profile dans la nuit espagnole. Evi nous annonce qu'elle a décidé d'arrêter aujourd'hui son pèlerinage, elle part demain en train pour Saint-Jacques. Ses pieds refusent d'aller plus loin : « C'est la fin, les amis ! » Ce que nous autres cherchons encore, je sais qu'elle l'a déjà trouvé. Elle peut monter demain sans remords dans l'express qui la mènera à Saint-Jacques.

Avant de partir, Evi veut prolonger la nuit le plus tard possible. Un baiser sur le front me décide, j'accepte de lui tenir compagnie, en tout bien tout honneur.

Le dîner se fait tellement attendre qu'Anne et Lara sont forcées de l'avaler à toute vitesse car leur dortoir ferme à dix heures.

C'est dommage parce que Anne est vraiment amusante et ça commençait à devenir très agréable. Ses récits des pèlerins ultra-catholiques sont désopilants. Il faut dire qu'Anne doute de tout, du Chemin et de la plupart des pèlerins. Tout comme moi, mais bien plus intensément. Son jugement est très dur : « Dans tout ça, il y a beaucoup de fruits pourris. » Mais pourquoi fait-elle le pèlerinage ? Elle ne nous le dira pas.

À partir de demain, Lara passe dans le camp des pèlerins de nuit, pour disposer d'un lit tous les jours. J'ai peu de chances de la rencontrer à nouveau. Nous prenons tous congé d'elle en grande pompe. Anne et Lara galopent jusqu'au *refugio*. La discrète Josée a maintenant tout loisir d'en dire un peu plus sur elle. Elle a passé un doctorat de sciences politiques et découvert ensuite que cela ne lui convenait pas. Elle est alors devenue infirmière et travaille à présent en soins palliatifs dans un service de cancérologie d'Amsterdam. Elle y est heureuse et cela se voit. Je lui raconte que son truc de « s'adresser à l'Univers » a déjà marché deux fois. Elle éclate de rire : « Tu en doutais ? Tu sais, je ne mens jamais. » Puis je ne peux m'empêcher de leur faire le récit de mes pénibles rencontres avec Schnabbel et Gerd. Elles m'écoutent avec beaucoup d'attention. Evi veut même savoir si, ça aussi, je le noterai dans mon carnet.

Ça lui plaît que je tienne un journal, elle insiste pour savoir à qui il est destiné. Ma réponse est immédiate : « Aucune idée ! »

« Tu l'apprendras bien assez tôt », me dit Evi avec un large sourire.

Elle adresse alors un signe à une femme à la recherche d'une place de venir à notre table. C' est une belle rousse aux cheveux longs, d'environ quarante-cinq ans, qui porte une tenue kaki élégante et vaguement militaire. Evi la connaît et nous présente Sheelagh, la compagne d'Anne sur la Route du pèlerinage. Elle vient de Nouvelle-Zélande et nous demande où est Anne. Cette femme a vraiment une voix superbe, chaude et tendre à la fois. Elle est sûrement présentatrice de télé. Quand elle apprend qu'Anne est déjà rentrée au *refugio*, elle se contente de soupirer : « Pauvre Anne, elle n'apprendra jamais à vivre. »

La Néo-Zélandaise a indéniablement un grand sens de l'humour, et très soif aussi. La *plaza* s'est vidée. Nous sommes les derniers à boire encore. Les uns après les autres, les restaurants ferment et depuis longtemps les danseurs de flamenco ne font plus résonner leurs castagnettes. Evi se racle la gorge et pose une question qui lui tient à cœur : « Dieu vous a-t-il déjà parlé sur le Chemin ? » Nous nous interrogeons tous du regard pendant un certain temps. Sheelagh est la première à se lancer, elle est concise et convaincante : « Oui, il l'a fait. »

Josée : « Oui… C'est arrivé. »

J'hésite : « Il me semble… Oui. »

Evi rayonne : « Oui, quand il parle à quelqu'un, on est

rempli de joie… Les doutes reviennent plus tard. Est-ce que je perds la tête ? Est-ce mon imagination ? Est-ce que je me prends pour quelqu'un d'important ? Il faut laisser faire, il se passe alors des choses incroyables, une sorte de miracle ! » À cette table, je me sens mal à l'aise. De quoi parlons-nous au juste ? Peut-on sérieusement prétendre que Dieu nous parle ? Ce serait un gag terrible pour mon prochain spectacle : « Mesdames, messieurs, bonsoir. Je n'envoie plus mes émissions sur mon canal habituel, je prends un raccourci et je m'adresse directement à Dieu. Et maintenant, c'est à vous ! » Mais la conviction avec laquelle ces femmes très intelligentes parlent d'elles et de Dieu m'impressionne. C'est contagieux. Sheelagh semble deviner mon malaise et mon scepticisme : « N'aie pas peur, confie-toi à Dieu. C'est tout ce qu'il attend de toi. Ta confiance en lui ! » Pour détendre l'atmosphère, elle sort un adorable minuscule jeu de cartes qu'elle a acheté l'après-midi dans une épicerie. Elle a décidé de faire tirer une carte à tous ceux avec qui elle marchera sur la Route. Et le jour où elle arrivera à Compostelle, elle tirera elle-même la dernière carte, sa carte.

Elle les étale en les retournant sur la table. Evi doit tirer la première : après tout elle termine son pèlerinage demain. « Lumière ». Ça correspond parfaitement à cette Suédoise, blonde comme les blés, venue du Cercle polaire. Cette femme est une vraie Lumière. Josée tire « Enthousiasme ». À quoi cela correspond-il pour elle ? Je n'en sais rien. C'est peut-être ce dont elle manque. En tout cas, elle est très émue. Un peu agacé, je tire ma carte. Je ne suis vraiment pas sûr de moi et ai bien du mal à en choisir une. Le mot « Courage » apparaît. Le courage, c'est exactement ce qui me manque en ce moment et d'ailleurs, au moment de tirer, j'en ai manqué. J'en aurai bien besoin pour le reste du voyage. Il me suffit de penser aux chiens sauvages de Foncebadón.

Cette soirée a été merveilleuse. Sheelagh et Josée partent

très tard dans la nuit. Quant à Evi et moi, chose promise, chose due, nous prolongeons la soirée dans un bar de León et buvons une bouteille de Rioja à la santé de la Route. Cette femme est vraiment la sagesse personnifiée et ne me fait aucunement l'effet d'être folle lorsqu'elle prétend parler à Dieu. Il faut du courage pour dire cela. Evi n'entend pas vraiment une voix, mais plutôt un souffle, un vent de lumière intérieure qui la traverse.

Dans la nuit, elle me fait des confidences plus intimes. Elle est absolument convaincue que ma Route donnera naissance à un livre. Je me demande comment elle peut affirmer ça. Elle sourit – à vrai dire, elle sourit tout le temps – et me susurre à l'oreille : «Tu ne peux pas le savoir, mais moi si.»

Cet échange avec Evi a été un grand moment et j'étais très honoré qu'elle fête avec moi la fin de son pèlerinage. Au moment de m'endormir, un bébé se met à pleurer. Je réfléchis encore. Je pense au Chemin, il est superbe. Quelquefois détestable aussi, et bruyant. Les villes sont belles, impressionnantes. Les panoramas sont apaisants et uniques au monde. Mais rien ne me fixe, rien ne m'arrête. Le Chemin est si beau qu'on veut en connaître la suite. Et je n'ai pas trouvé d'endroit, si fascinant soit-il, qui m'ait donné envie d'y rester pour toujours. C'est sans doute cela, un Chemin. Rome m'a conquis une fois pour toutes, je ne pourrai plus jamais oublier cette ville. J'ai vraiment souffert de quitter les Rocheuses canadiennes. Jusqu'à la fin de mes jours, j'aurai la nostalgie du chant des oiseaux en Australie. Ici, tout est si rayonnant qu'on est apaisé, mais on réussit toujours à s'en séparer. Rome dans les montagnes Rocheuses baignées du chant des oiseaux d'Australie, cela pourrait sans doute me faire mourir.

J'espère ne plus jamais rencontrer Schnabbel et Gerd. À coup sûr, ça tournerait mal. Aujourd'hui, je sens vraiment que l'on m'aime. Courage. Pourquoi ai-je besoin de courage ? Suis-je capable de transformer le W de *Wut*

– colère en allemand – en M de *Mut* – courage en allemand ? Ma colère en courage ?

Pensée du jour : Le vrai chemin, c'est celui qui n'enchaîne pas un homme.

2 juillet – Quelque part près de León

Au lendemain de cette soirée mémorable, j'ai du mal à sortir de mon lit. En quittant le centre-ville pour reprendre la route, je m'arrête à une terrasse pour boire un dernier café. Cinq minutes plus tard, j'aperçois Evi, qui sort d'un hôtel, suivie de Josée. Nous passons en revue les bons moments de la soirée et réparons un oubli de taille : nous n'avons pas pris de photos. Nous nous photographions tous ensemble, puis seuls, comme si nous avions besoin de prouver que ce moment, cette rencontre, a bien eu lieu.

Evi est follement curieuse et insiste pour que je lui lise des fragments de mon journal.

Après tout, c'est mon métier de parler en public. Mais c'est différent : il s'agit d'un texte avec lequel je ne suis pas vraiment familiarisé. Je sors mon carnet usé et choisis quelques passages, dont bien sûr celui de Schnabbel, mon ombre et mon double. Cela les amuse beaucoup, mais Evi redevient soudain sérieuse : « Il va sans doute t'arriver d'autres mésaventures, et même si tout ne se passe pas au mieux, n'aie pas peur : garde confiance, écoute ta voix intérieure. »

Ma seule crainte, c'est une rencontre avec Schnabbel, je la souhaite et la redoute à la fois. J'ai un vieux compte à régler avec elle. Josée avoue qu'elle les connaît et qu'elle les soupçonne d'être des espions infiltrés au service d'un pèlerinage concurrent. Nous éclatons de rire.

Toutes les deux m'incitent à continuer mon journal. Le moment de la séparation est venu, je repars.

La sortie de León se fait en traversant une sinistre zone industrielle d'une épouvantable laideur. Le soleil est tropical et, toutes les dix minutes, un tigre échappé d'une affiche publicitaire lacérée menace de me sauter dessus. Puis le coin devient plus sauvage, le *Camino* longe des champs desséchés et des habitations troglodytiques. Rien à voir, sinon des étendues monotones et des maisons à l'abandon, prêtes à s'effondrer. Un décor de science-fiction duquel surgit un drôle d'oiseau déplumé, un homme basané à barbe blanche et lunettes. Il n'a pas vraiment l'air d'un vagabond, mais plutôt de quelqu'un qui erre perdu dans un désert. Tandis qu'il s'approche en claudiquant, je devine qu'il va me sortir une ânerie. Je ne me suis pas trompé.

« *Ola ! Amigo*, où peut-on dormir ici ? » C'est une question débile. Mais au moins il n'est pas ivre. Je remarque tout de suite ses pieds blessés sans chaussettes dans des chaussures de marque délacées et toutes crottées. Ses lèvres sont boursouflées et pendantes, sa bouche édentée. Je réponds prudemment : « Vous allez dans quelle direction ?

– À Saint-Jacques.

– Mais c'est dans l'autre sens Saint-Jacques. »

Et je lui montre où se trouve l'ouest. « Je sais bien », dit-il et il se met à ricaner bizarrement, comme s'il allait me frapper avec un couteau.

« Et d'où venez-vous ? »

Il me répond qu'il a passé la nuit dans un hôtel affreux à une dizaine de kilomètres d'ici, qu'il n'en peut plus et qu'il veut dormir. Juste un lit, c'est tout ce qu'il demande.

Je le rassure, León compte une foule d'auberges et d'hôtels. Il ne peut pas passer à côté. À son tour, il aimerait bien savoir où je vais. Vu mon équipement, n'importe quel imbécile pourrait le deviner : « À Compostelle. » Il me jette un regard pénétrant et je devine à ses yeux qu'il lui vient brusquement une idée saugrenue : « Tu sais quoi ? Je pars avec toi. Quelle est ton étape pour aujourd'hui ? »

Je reste muet, puis je me reprends et lui annonce que j'entends parcourir environ vingt kilomètres sans pause. Je pense ainsi le décourager mais ma manœuvre de dissuasion fait long feu. Il répond seulement : « OK. » J'ai gagné ! Il veut continuer avec moi.

Je n'y tiens pas du tout. Je l'observe en détail : il est déguenillé mais ses chaussures sales sont neuves et chères. Son pantalon en jean noir est un article de marque, qui semble avoir été taillé sur mesure. Sa chemise est tachée et fripée mais elle aussi a dû coûter cher, comme ses lunettes. Mais qui est ce type ?

Je pense à Evi : « Fais confiance à ta voix intérieure. » Mon intuition me dit que cela pourrait être intéressant. Je me décide : « D'accord, viens avec moi », alors que je pense : « Mais tu as envie de mourir ? Ce type a l'air complètement fou, il va te dépouiller ou te tuer. »

Trop tard, nous partons côte à côte, plein ouest. Il refait à l'inverse le chemin qu'il vient d'effectuer. À perte de vue, nous sommes les seuls êtres vivants à marcher dans cette région hostile. Aucune auto ne passe par là, nous ne sommes rien que nous deux. L'homme souffle bruyamment et transpire à grosses gouttes. Je lui demande son nom.

« Americo Montinez de la quelque chose… cinquante-six ans, Péruvien. » Il n'a pas vraiment l'air péruvien, mais à son accent, c'est bien un Sud-Américain.

Je veux savoir ce qu'il fait ici. J'apprends qu'il est en vacances. Il n'a aucun bagage parce qu'il a tant d'argent sur lui qu'il achète tout ce dont il a besoin au fur et à mesure. Impossible que ce gars n'ait que cinquante-six ans, il fait beaucoup plus vieux. À vrai dire, il n'est pas si antipathique. Je lui demande ce qu'il compte faire en Espagne. Sa réponse est plutôt déconcertante : venu cueillir les feuilles d'une plante rare, qu'on ne trouve que dans la sierra espagnole, il est furieux car celle-ci a été arrachée sur ordre de l'Opus Dei, une organisation secrète de l'église catholique.

Bon, j'ai compris, mon intuition m'a trompé. Ce type est complètement fou. À la première occasion, je l'abandonne. Pour endormir sa méfiance, je continue à bavarder et m'étonne qu'il soit venu en Europe uniquement pour cette plante. Il me dévisage comme s'il allait me sauter à la gorge et m'apprends que sa femme et sa fille, elles non plus, ne l'ont pas cru et l'ont même traité de fou. Je respire enfin : deux personnes sensées.

Americo vient de Cuzco et prétend être le chaman des Indiens de là-bas. Ils lui ont donné le nom de Ruco Urco. Il se consacre exclusivement aux plantes. Les feuilles qu'il venait rechercher étaient destinées à un ami atteint d'un cancer – et faute de les avoir trouvées, il en profite pour faire le pèlerinage de Compostelle. Cette histoire me semble loufoque, mais ça se tient. Et ce type m'apparaît quand même comme un malade et je garde à l'esprit qu'il marchait dans la mauvaise direction. Dans son genre, Schnabbel était moins surprenante. Je lui fais remarquer qu'il aura du mal à atteindre Saint-Jacques avec des souliers de ville aussi élégants. Il rit aux éclats et me regarde avec bienveillance : « Si, si, si… J'ai tout mon temps. » C'est étonnant de voir comme il marche bon train pour son âge. Il ne pose pas de questions, il ne me demande rien. Nous cheminons en silence. Tout est calme, quand soudain un chien berger vient à notre rencontre et se frotte contre moi. Je caresse l'animal et je lui parle en allemand : « Eh bien, qui es-tu, mon bon chien ? » Là-dessus, j'entonne une comptine enfantine. Ruco Urco s'adresse aussitôt au chien, en répétant sur le même ton et sans le moindre accent la phrase allemande que je viens de prononcer. Comme un vrai perroquet ! Puis il me regarde, guettant ma réaction. J'ai la chair de poule, c'est très désagréable : « Tu parles allemand ? » En posant cette question, ma voix tremble : « Ja ! » Il n'ajoute rien d'autre. L'angoisse monte, je suis oppressé. Comment m'en débarrasser ? Même s'il est plus vieux que moi, j'aurais du mal à me défendre s'il venait à m'attaquer. Puis je lui demande s'il croit en Dieu.

« Non, et je n'y croirai jamais. Je ne crois qu'à la terre, à l'air, à l'eau, aux plantes, aux animaux et au soleil. » Cette réponse est proférée avec un tel sourire que ses dents resplendissent, même celles qu'il n'a plus.

Soudain, les muscles de son cou sont pris d'un tic nerveux. C'est très net. Je le reconnais, j'ai ces symptômes quand je suis très fatigué ou surmené. Cette légère dystonie est apparue lors d'une chute, mais c'est moins visible que chez lui. Plus nous avançons, plus les crampes musculaires se remarquent.

Puisque c'est un chaman, je lui demande comment on peut éviter cela. Il fait celui qui se concentre : « Tu respires mal. Il faut respirer par le nez, jusqu'à quatre doigts sous ton nombril. » C'est exactement ce que m'a dit un naturopathe, il y a deux ans. Je signale à Rurco que ça n'a rien donné. Il insiste, ma respiration est mauvaise. Je n'inspire pas assez profondément.

« D'ailleurs, poursuit-il, tu n'as qu'à regarder comment fait ton chat pour respirer. Fais comme lui, il t'apprendra. »

Je ne lui ai jamais parlé de mon chat, même si je ne cesse de penser à lui, depuis trois semaines. Je joue à l'idiot : « Il faut donc que j'observe des chats ? » Il rectifie : « Non, seulement le tien. » Mais comment sait-il ? Je préfère m'en tenir là. Peut-être pense-t-il que tous les Allemands ont un chat à la maison, en plus de leur réfrigérateur et de leur télé.

Nous arrivons enfin à Virgen del Camino, un bled délaissé de Dieu et des hommes, sauvagement tronçonné en plein milieu par une quatre voies. Il fait chaud comme dans une couveuse, le type souffle et transpire. Moi, je me sens mieux, heureux de retrouver quelque chose qui ressemble à la civilisation. J'invite Americo à boire un verre dans l'unique bar du coin. Une femme en robe rouge vif, Incarnacion, est accoudée derrière le comptoir. Nous sommes les seuls clients. Americo veut de l'eau du robinet. J'insiste : « Un café, peut-être ? » Il refuse, il n'en boit que pour la mort d'un ami. Il paraît aussi heureux qu'un gosse, il trouve cette eau fantastique. Moi, je n'y vois rien de spectaculaire. Il me demande alors ce qu'il y a de mieux en Europe. J'hésite un moment entre les Alpes et la Méditerranée, mais le chaman a devancé ma réponse : « C'est de pouvoir boire de l'eau du robinet, c'est impensable au Pérou. » Il commande un autre verre de Château la Pompe et le déguste comme si c'était du champagne. Puis il redevient bavard : « À mon avis, les meilleurs livres nous viennent d'Allemagne : *Le Tambour* de Günter Grass, *Momo* de Michael Ende. » Le loufoque chaman indien me devient presque sympathique, jusqu'au moment où il termine la liste de ses auteurs favoris par *Mein Kampf* de Hitler. J'ai du mal à ne pas recracher mon café et je crois avoir mal compris. Si mes oreilles ne m'ont pas trompé, le Péruvien s'expose à ma colère ! À voir le coup d'œil courroucé de la patronne, j'ai bien entendu. Tout d'abord, il s'agit de reprendre son souffle, ensuite de le frapper. Je tente de garder mon calme et lui réponds que je classe les deux premiers livres parmi les meilleurs qui soient, chacun incomparable à leur manière, mais *Mein Kampf*… et là je me dresse devant lui de toute ma hauteur, comme je l'ai appris de Schnabbel… ça, c'est un comble ! Je hurle, gueule, débite une longue diatribe et déverse sur lui un flot d'avanies. Il ne cesse de rire. Puis il reprend son calme et affirme qu'Hitler a pensé juste. Là, le Péruvien va trop loin. Je lui dis que son discours est nauséabond, qu'il m'a personnellement offensé, que tout cela va très mal se terminer – et qu'en Allemagne, avec de telles idées, il serait depuis longtemps en prison. La liberté est le bien le plus cher des hommes, une cause que je défendrai toujours. Ma colère m'impressionne. Lui conserve sa bonne humeur et ne cesse de me sourire. Il semble enchanté de m'avoir fait sortir de mes gonds. Il continue à discourir : « Vous, les Allemands, vous devriez envahir le Pérou et nous délivrer, ce serait une belle action, non ? » Il me tape sur les nerfs. « Ou alors l'ETA, avoue que ça serait super, si l'ETA faisait sauter le Pérou. C'est ce qui nous manque au Pérou ! »

La femme au comptoir se met à hurler à son tour : « L'ETA, ce sont tous des porcs ! » Le chaman rit de plus en plus : « Mais qu'est-ce que vous avez tous à vous énerver ? » Là-dessus, Incarnacion le noie sous un flot de paroles. Plusieurs membres de sa famille sont morts dans des attentats.

Ça fait trois heures que je suis là, je n'en peux plus. Je me lève sans un mot, attache mon sac et je sors. Rurco me souhaite bon voyage de son sourire édenté. Incarnacion se précipite, me souhaite, elle aussi, bonne route et me glisse discrètement à l'oreille : « Hitler n'était pas un porc, c'était une merde. »

En quittant lentement ce bled, sous un soleil toujours brûlant, je pense que ce Péruvien débile a fait éclater un ulcère à quatre doigts sous mon nombril. Il m'a volontairement provoqué et a choisi le thème le plus douloureux : le nazisme. Là-dessus, je n'ai aucune faiblesse : pas de compromis possible, jamais je ne céderai.

Comment peut-on en arriver à mettre Michael Ende et Günter Grass sur un pied d'égalité avec Hitler ? Je peux tout à fait m'identifier à l'esprit qui a animé *Momo* ou *Le Tambour*, mais *Mein Kampf* ! Non ! C'est inqualifiable ! Même le pire des imbéciles ne pourrait comparer ces trois ouvrages.

En tout cas, dans ce bar, ma colère s'est transformée en courage, donc ça marche ! Je regrette presque Americo. Je suis toujours furieux. Pas étonnant que j'aie des coliques biliaires. Cet étrange Péruvien voulait à coup sûr me pousser à bout.

Mais comment s'y est-il pris ?
Et je pense à Evi : « N'aie pas peur, confie-toi et écoute ta voix intérieure. »
C'est exactement ce que j'ai fait. Je ne sais pas combien de kilomètres j'ai pu parcourir aujourd'hui. Beaucoup, je pense !

Pensée du jour : Dans certains cas, la folie et la raison empruntent le même chemin.

3 juillet – Astorga

J'ai dormi n'importe comment, n'importe où – dans un motel au bord de la route. L'Espagne se met lentement à ressembler au Mexique, l'air est de plus en plus sec, et j'ai déjà vu devant plusieurs petites haciendas des cactus de la hauteur d'un homme. En fait, hier, après avoir quitté le bar, j'ai bien fait quinze kilomètres. Ce matin, lorsque je suis descendu, il était déjà dix heures. J'ai eu besoin de dormir longtemps pour récupérer de la journée d'hier. Comme d'habitude, je suis quasiment le seul client du restaurant. Le serveur m'a demandé si j'étais bien Hans-Peter, l'Allemand. Intrigué, j'ai acquiescé. Il m'a alors tendu sans un mot un billet proprement plié sur lequel était écrit en espagnol : « Pour Hans-Peter, merci beaucoup et longue vie à Momo ! » Signé : « Bien à toi, Ruco Urco. »
Le serveur ne connaît pas l'homme qui lui a donné ce message. Il se souvient seulement que c'était quelqu'un qui n'avait pas de sac à dos, avec des souliers crottés aux lacets pendants. Americo, mon Péruvien fou ! J'apprends qu'il est descendu lui aussi, hier soir, dans cet hôtel, et qu'il occupait la chambre voisine de la mienne. Il a repris la route ce matin, à six heures. « Ruco Urco », je relis encore

son nom et ne peux m'empêcher de rire. C'est vraiment un nom digne d'un roman de Michael Ende.

Aujourd'hui, une grande performance attend mon genou et mes pieds. Heureusement, la température a sensiblement baissé. Il ne fait que quinze degrés et on sent un léger vent, un peu comme au printemps sur la Baltique. Une belle journée pour marcher ! J'ai les idées claires et un bon moral. Pour m'aider, je décide de chanter à tue-tête tous les grands titres du hit-parade depuis 1973. Je dois faire quinze kilomètres de sentiers en ligne droite avant de rejoindre la nationale, puis vingt jusqu'à Astorga. J'aime beaucoup chanter et continue même quand je croise d'autres pèlerins. Après tout, ce sont mes vacances et je fais ce dont j'ai envie.

Partout, des chiens livrés à eux-mêmes.

Un joyeux groupe de femmes venues d'Ulm me reconnaît et trouve très amusant que je chante. Elles pensent tout de suite que la « Caméra cachée » n'est pas loin derrière. Je confirme et quitte ces dames toutes excitées. Elles doivent attendre encore, près d'une borne, le camion de la régie. Tandis que je chante en accélérant le pas, une question me vient, impérative : « Est-ce bien ce que j'attends du pèlerinage : chanter le refrain de *Save your kisses for me* ? C'est sûr, cela me met diablement de bonne humeur, mais qu'est-ce que ça m'apporte vraiment ? »

Cela dit, ce genre de refrains remonte au moins le moral.

Je décide de parcourir les douze derniers kilomètres en silence, sans penser à rien. Cette idée est de Sheelagh qui m'a dit à León : « On ne sait rien de ce qui se passe en soi quand on a toujours l'esprit ou la bouche occupés. C'est sûr : ne penser à rien, c'est facile à dire. Mais tu verras. Essaie, il se passera forcément quelque chose d'extraordinaire. » Donc, j'essaie.

Peu après, en traversant un petit village, je vois écrit d'une main d'enfant, à la craie, sur le mur d'une vieille école, *yo y tu* [1]. On dirait un sujet de dissertation. Je continue à marcher en silence, chassant de mon esprit les trois petits mots. Je ne dois plus penser, sur ce sentier qui semble aller vers nulle part.

Se taire, ça n'est pas dur, j'y suis habitué depuis longtemps. Quand je rencontre des paysans, nous nous saluons d'un signe, sans rien nous dire. Ils respectent mon silence. Mais arrêter de penser, cela relève de l'impossible. Dans ma tête, je chantonne continuellement, des idées futiles ne cessent de défiler : « Qu'est-ce que j'ai fait de mes clés ? Je vais acheter des cigarettes. J'ai mal aux pieds ! J'ai envie d'une salade de pommes de terre... »

Décrire un chemin que l'on parcourt sans réfléchir paraît

1. Ndt : Toi et moi.

infaisable. Comment relater mes impressions, mon souffle, mes pas, le vent, le chant des oiseaux, la houle des blés, cette fraîcheur sur ma peau ? Je marche en silence. Cela veut-il dire que je ne ressens plus rien ? Que les choses sont laides, comme un chat crevé au bord du chemin ? Ou belles comme les sommets enneigés des monts Cantabriques ? Est-ce nécessaire pour atteindre cette plénitude qui nous débarrasse du plaisir comme du déplaisir ? Plus rien ne doit m'atteindre. Dans le silence, le stress paralysant du quotidien doit s'envoler et disparaître. Quand je ne pense pas, je n'exprime plus rien, même si je suis toujours là. La route me permet de descendre au plus profond de moi-même.

Évidemment, je m'égare. Ce silence, cette pensée suspendue m'ont mis la tête à l'envers. Depuis une quinzaine de kilomètres, je ne fais plus attention à rien, ni aux flèches ni aux coquilles Saint-Jacques. Quand je me remets à penser, je suis bêtement au milieu de nulle part. Plus tard, je découvre que j'ai pris, sans le savoir, un raccourci qui m'a fait gagner deux kilomètres. Un paysan m'indique la bonne direction. Je repars pour vingt kilomètres supplémentaires, en essayant à nouveau de ne plus penser à rien. Je suis moins épuisé que d'habitude, sans doute à cause de la température.

En approchant d'Astorga, j'entends les aboiements rauques d'un molosse. Un magnifique bâtard de Saint-Bernard, tristement posté derrière une grille, garde une résidence d'été à l'abandon. Dans la piscine, il n'y a pas d'eau et aucun abri pour le chien dans le jardin. On dirait que l'animal n'a rien à manger. Il est à peine capable d'aboyer. Quand je m'approche, il tente désespérément d'ouvrir le portail avec sa patte blessée. Cette vision triste me va droit au cœur. Je le caresse à travers le grillage et je lui parle vingt bonnes minutes pour le rassurer et le réconforter.

J'ai dû faire environ trente-quatre kilomètres, aujourd'hui. Le soir de mon arrivée à Astorga, il fait presque froid.

La pensée du jour sera pour demain.

En fait, c'est indicible. J'ai rencontré Dieu !

4 juillet – Astorga

Hier, j'ai parcouru quatorze kilomètres de trop. Mon corps n'en peut plus. Dès que je fais quelques kilomètres de plus que ma moyenne, le jour d'après est perdu. Mais il faut parfois savoir se dépasser pour atteindre l'essentiel.

Je me suis installé à l'hôtel Gaudí, juste en face du palais épiscopal, justement construit par Antonio Gaudí entre 1889 et 1913, dans un style néogothique. Ce *palazio* épiscopal est plein d'une beauté fantaisiste. L'ouvrage est d'inspiration médiévale, un mélange de Neuschwanstein et du château de Dracula, et change de visage à chacun de ses cinq côtés. À l'intérieur, une débauche de lumière accueille le visiteur grâce à des vitraux de cathédrale : la signature de Gaudí.

En prenant mon petit déjeuner je pense à reprendre la route. Au même moment, Stevie Wonder chante *Don't go too soon ! – Ne pars pas trop tôt !* – à la radio. C'est sûrement idiot de prendre ses décisions d'après un tube entendu par hasard, mais aujourd'hui je me laisse convaincre. J'ai encore du temps devant moi.

Ce que j'ai vécu hier est impossible à raconter ou à écrire. Cela demeure indicible, je conseillerai plutôt au lecteur de faire douze kilomètres sans penser, dans le silence le plus total. Larissa m'avait dit à Grañón une phrase que j'avais trouvée idiote, alors : « Il y a toujours un moment, sur ce Chemin, où l'on se met à pleurer. Il finit toujours par nous rattraper. On est là, tout bêtement, et on pleure. »

Mélange de styles impressionnant dans la bruine : le palais épiscopal d'Astorga.

C'est ce qui m'est arrivé hier : j'étais au milieu des vignobles et je me suis soudain mis à pleurer. Pourquoi ? Je n'en sais rien. Joie, épuisement ou un mélange des deux. Se mettre à pleurer dans les vignes : c'est risible.

En tout cas, c'est ainsi que j'ai rencontré Dieu.

«*Yo y tu*» : c'était l'inscription sur le mur de la petite école, elle évoquait comme un secret que l'on partage à deux, un secret qui ne concerne que Lui et moi.

Mais pour rencontrer Dieu, il faut d'abord l'invoquer, le prier, sinon il ne vient pas. La relation qu'il construit avec chacun d'entre nous est unique. Seul un Dieu qui aime vraiment peut faire cela. De jour en jour, je me sens libéré. Mes cogitations ont enfin un sens. Sur la radio de mes émotions, j'ai enfin trouvé la bonne fréquence. J'ai fait le vide, Dieu l'a rempli. Je suis sonné comme si j'avais reçu un coup de gong. Le son résonne encore en moi. Tôt ou tard, ce Chemin nous ébranle jusqu'aux plus intimes de nos certitudes. Bien sûr, cet écho va doucement disparaître, mais si on tend l'oreille, on peut encore le percevoir pendant très longtemps.

En vérité, mon Chemin devrait s'arrêter ici car j'ai obtenu une réponse claire et sans ambiguïté à ma question. À partir de maintenant, le chemin n'a plus que de la joie à m'offrir.

Astorga sous la pluie dégage une odeur tenace de cannelle, à la fois sucrée et poivrée. J'adore cette odeur. J'ai l'impression que le palais de Gaudí en est imprégné, comme si on avait mis des bâtons de cannelle entre les pierres.

Sur la *plaza*, devant l'hôtel de ville, je rencontre Seppi. Il vient d'Helsinki, il est chauve avec de larges épaules, et toujours de bonne humeur. Hier, après ma marche silencieuse, nous avons pris un verre ensemble. Il devance de six jours ses amis finlandais, car il marche à une vitesse inimaginable : quarante kilomètres par jour. Aucun d'eux n'a pu le suivre. Pour y arriver, il chante beaucoup, il boit de la bière et le soir, dans les auberges, il fait la fête. Pour lui ce pèlerinage est la chose la plus gaie qu'il ait jamais faite. Il est reparti en criant une dernière fois : « Hasta luego ! » Je me suis demandé s'il n'était pas dans le vrai. Après tout, ce Chemin n'est peut-être que de la joie. Aujourd'hui, je le retrouve assis sur les marches du palais, il est trempé et un peu déprimé.

Il me montre son pied droit bandé et m'explique qu'il est tombé, ce matin, mais qu'il a eu de la chance. Une infirmière allemande l'a immédiatement secouru, à son grand étonnement. Moi, ça ne me surprend plus. C'est comme ça, sur la Route ! Ce qui m'aurait fortement perturbé, c'est que personne ne lui soit immédiatement venu en aide. Le Bon Dieu a tout prévu, même les infirmières allemandes et leurs trousses de secours. Josée peut en témoigner. Comme je n'ai pas la réaction attendue, il répète : « C'est incroyable, non ? J'ai marché, des jours durant sans rencontrer personne, et le jour où je me casse la figure je vois surgir une infirmière allemande avec des bandages et de la pommade. »

Il a retrouvé toute sa bonne humeur. Je le rassure : « Demain, de toute façon, tu gambaderas sur tes deux jambes. » Mais en regardant plus attentivement son pied gonflé, je me dis que ça sera difficile.

Pour Seppi, fini de rire. Peut-être qu'il va perdre à la dernière case alors qu'il était sûr de l'emporter, comme au jeu des petits chevaux. J'espère que je vais tenir jusqu'à la dernière case. Jusqu'à Compostelle. Mes mollets sont raides comme des poteaux. Evi est hors jeu, mais elle a été bonne perdante. Je me demande si Anne avec ses pieds gonflés va arriver au bout et si toute seule Tina y parviendra. J'ai rencontré un Espagnol au bord des larmes, hier, dans un bar. Il disait qu'il allait abandonner, qu'il n'en pouvait plus, qu'il n'irait pas plus loin. Puis, je l'ai revu, assis dans un bus, il a esquissé un triste signe.

Le Chemin me rappelle l'école. J'apprends facilement, en m'amusant, surtout si le professeur est stimulant. En revanche, je fais l'impasse sur les matières qui ne m'intéressent pas, quand je ne comprends pas, ou quand le professeur est nul.

Evi est mon professeur préféré, elle m'a appris la confiance. Tina, c'est l'humour : je ne peux l'évoquer sans me mettre à rire. Anne, le doute. Americo m'a bien fait comprendre que le passage en classe supérieure était compromis si je ne parvenais pas à maîtriser ma colère. Antonio, l'Andalou avec sa croix, m'a enseigné le sens de l'à-propos. Le marchand de chapeaux, la cordialité. Gerd, la résignation. Ute, l'Autrichienne, la constance. Les trois Français en Peugeot, la compassion. L'Allemande en petite culotte bleue, le sang-froid. Larissa, le don de soi. Victor, la logique. Stefano, la vanité, et Lara le détachement. Sheelagh, sans aucun doute, le courage. Josée, l'art des métamorphoses. Vitorio, l'hôtelier, le mépris. Claudia, la Brésilienne, la fierté. Seppi, le Finlandais, la joie de vivre. Et mon ombre, Schnabbel, dans tout ça ? Je l'ai peu écoutée et je ne sais toujours pas ce qu'elle enseigne, à part la géographie. En tout cas, elle a été le professeur de toutes mes matières faibles – et je dois reconnaître qu'elle a le rôle d'une épouvantable directrice d'école.

Quant aux nombreux animaux que j'ai rencontrés, ils m'ont appris l'attention. J'ai gardé pour la fin la rencontre la plus éblouissante et le cours le plus explosif : Dieu et l'amour, lors des fameux quatorze kilomètres.

Pendant toute la route, je me suis demandé ce qu'était la souffrance. C'est incompréhensible, inexplicable. C'est vrai. La seule solution, c'est de croire.

Demain, l'étape est dure. Elle commence doucement dans les collines arides de Margarateria en direction de Rabanal. Elle traverse ensuite les monts du León jusqu'au village abandonné de Foncebadón. Sur ce dernier tronçon, il n'y a aucun sentier. Il faut bon gré, mal gré passer quand même. Juste avant ce village, on nous prévient à plusieurs reprises de la présence de nombreux chiens sauvages qui errent et qui attaquent en meute. Il est déconseillé de traverser la région seul ou d'avoir de la nourriture sur soi. Pas de chance : le robuste Seppi, sur lequel j'avais compté, me fait justement défaut. On verra bien ce qui arrivera !

Pensée du jour : Le cœur a toujours raison.

5 juillet – Rabanal

Ce matin, en descendant, j'ai une très agréable surprise : Anne et Sheelagh sont là. Elles se sont donné rendez-vous dans cet hôtel d'Astorga pour le petit déjeuner. Maintenant, je sais pourquoi Stevie Wonder a entonné hier le refrain *Don't go too soon*.

Sheelagh semble bouleversée, elle a pleuré. Elle me raconte que deux de ses amis de la Croix-Rouge néo-zélandaise viennent d'être décapités par des rebelles aux îles Fidji. Nous nous précipitons sur Info News. J'apprends une autre triste nouvelle : le suicide d'Hannelore Kohl. Je ne connaissais que de loin l'épouse de notre ancien chancelier, mais cela me touche beaucoup. Je reste collé au poste.

Sheelagh ne se sent pas la force de continuer. Elle va rester une journée de plus à Astorga pour garder le contact, via Internet, avec ses amis de Wellington. Je tente quand même de la persuader de partir avec nous. De l'avis général, l'étape de ce matin est de loin la plus dangereuse du parcours. Sheelagh nous rassure d'un sourire : « Ne vous inquiétez pas. J'ai confiance. »

Nous décidons, Anne et moi, de faire équipe et d'aller attendre Sheelagh, un peu plus haut, dans un village de montagne, à Rabanal ou El Acebo.

L'entente entre l'Anglaise et moi est immédiate. Nous sommes très contents de découvrir que nous marchons au même rythme, et sans nous forcer. Tout semble aller de soi. Au début, Anne est encore distante. Elle craint sans doute une nouvelle tentative de drague. Au bout de quelques kilomètres, je décide de m'arrêter pour lui expliquer qu'elle n'a vraiment rien à craindre de moi : « Je suis gay. » Elle se fige un instant, roule de grands yeux et éclate d'un long rire. Lorsqu'elle s'est à peu près ressaisie, elle me jette dans un souffle : « Je suis désolée, Hans, mais je pensais vraiment que ta gentillesse était bourrée d'arrière-pensées. »

Je lui répète qu'elle ne m'intéresse pas, qu'elle n'a rien à craindre, elle n'est vraiment pas mon type. Elle s'esclaffe une nouvelle fois et sort enfin de sa réserve. La glace est définitivement rompue. Anne m'avoue n'avoir rencontré que d'affreux représentants de la gent masculine depuis le début du pèlerinage. À plusieurs reprises, cela a manqué lui jouer un mauvais tour. C'est sans doute la raison pour laquelle elle était si froide à mon égard au début, même si elle me trouvait très sympathique. Elle ne voulait pas vivre une nouvelle mésaventure et connaître une nouvelle déception.

Le premier homme avec lequel elle a marché pendant presque une semaine, au départ de Pampelune, s'était autoproclamé « Premier pèlerin officiel de Compostelle ». C'est le titre qu'il s'est octroyé sur ses cartes de visite qu'il distribue dans chaque *refugio*. Il se prend pour Mickey ; le Chemin, c'est son Disneyland. Il se balade en robe de bure avec tout l'attirail du pèlerin : chapeau, coquille, croix, besace et bâton qu'il a lui-même sculpté. Compostelle est un prétexte. Son but, c'est d'attirer les pèlerines dans des hôtels bon marché. C'est le prix qu'elles doivent payer pour récompenser la mascotte brune de sa protection. Anne a eu bien du mal à se débarrasser de ce dragueur. Cela m'étonne qu'elle ait pu supporter ce type, ne serait-ce qu'un seul jour. Elle ne comprend pas elle-même et reconnaît qu'elle a vraiment été idiote. Par la suite, elle a marché avec deux gays londoniens. Certes, ils étaient très marrants, mais sans cesse en quête de nouvelles aventures sexuelles. Elle a été bien contente quand ils se sont décidés à abandonner le Chemin pour se rendre à Madrid avec leurs conquêtes. Enfin, depuis une semaine, deux Français d'âge mûr, Jacques et René de Reims, sont sur ses talons. À chaque rencontre, ils tripotent son tee-shirt ou ses cheveux et l'invitent régulièrement à prendre « *a coffee or a tea* [1] ». Ce sont les seuls mots d'anglais qu'ils maîtrisent. Ils ne savent plus quoi inventer pour la séduire et l'attirer dans leur lit.

1. En anglais dans le texte.

C'est vrai, la Route c'est aussi l'occasion pour certains de rencontres amoureuses, souvent brèves et rapides. Le soir, dans plus d'un *refugio*, c'est très animé.

Tout en marchant, nous passons en revue les curiosités du pèlerinage : les pèlerins de nuit, les bonnes sœurs, qui comptent leurs moutons, mon chaman péruvien… L'ambiance est bonne et nous rions beaucoup. Maintenant, toute barrière est tombée entre nous et nous parlons très librement, notamment de notre vie privée. Cette fille de Liverpool a tout pour elle, elle est à la fois caustique et chaleureuse, mordante et cultivée.

Elle a vécu pendant huit mois à Dharamsala dans le Nord de l'Inde, là où le dalaï-lama s'est exilé. Elle enseignait l'anglais aux moines et recevait en échange une formation au bouddhisme. Tout ce que j'ai lu jusqu'à présent sur le sujet relève de l'enfantillage comparé au trésor de connaissances qu'elle met à ma disposition. Au cours de son séjour, une petite phrase du dalaï-lama l'a particulièrement marquée : « Ne réfléchis plus, ne ressasse pas. » Pour elle, c'est concret, au boulot comme ailleurs. Si quelque chose te tracasse, ne le rumine pas. C'est ainsi que l'on vit libre et apaisé.

Puis elle a travaillé un peu partout, au Népal, en Afghanistan, en Amérique centrale, en Floride et au Canada. En 1989, elle a même suivi un séminaire de plusieurs mois à Berlin-Est et logeait à Kleinmachnow. Quand elle prononce ce mot avec son accent anglais, « Klaïnmäckgnou », je m'effondre de rire. Depuis douze ans, elle a peu pratiqué, mais quand je lui parle lentement, elle comprend en gros ce que je veux dire.

Je confie à Anne que je tiens un journal de bord et que j'ai atteint aujourd'hui la page 357. Elle y figure en bonne place. Enthousiaste, elle veut savoir ce que j'ai écrit sur elle. Après le lui avoir résumé le plus honnêtement possible, elle secoue la tête, déçue : « C'est à chaque fois la même chose !

Les hommes me trouvent toujours antipathique au début. Suis-je donc si revêche ? » L'est-elle vraiment ? J'hésite un peu… Anne, aussi, aimerait écrire, mais elle pense qu'elle manque de constance et de ténacité. Ce manque de confiance en elle est très étonnant, quand on connaît son formidable humour et sa façon de voir les choses. J'aimerais bien les lui voler, parfois. Je l'incite à écrire pour elle : elle a vécu tant d'expériences extraordinaires.

Finalement, elle m'avoue pourquoi elle fait ce pèlerinage et me raconte que sa sœur souffre d'une maladie génétique rare, la maladie de Crohn. Afin de récolter des fonds pour la recherche, Anne envoie un compte-rendu hebdomadaire de son pèlerinage à un journal de Birmingham. Elle prend immédiatement une photo de nous deux qui sera publiée la semaine suivante.

Nous prenons vraiment du plaisir à marcher ensemble. Plus nous grimpons, plus le panorama est spectaculaire. Anne, qui a travaillé quelque temps à l'université Columbia de Vancouver, a l'impression d'être au sommet des Rocheuses canadiennes, comme moi. Pourtant, nous sommes moitié moins haut.

Nous atteignons Rabanal en début de soirée. Nous sommes fourbus. Je ne connais le Tibet que par des photos, mais ça y ressemble. Et, à ma grande surprise, Anne pense au Népal qu'elle connaît bien.

À notre arrivée, je m'installe dans une auberge rustique et presque pleine. Anne va passer la nuit tout près d'une petite église de pierre grise, dans son habituel refuge de pèlerins, toujours aussi bondé.

Pensée du jour : Il est agréable de marcher, mais il est agréable aussi de s'arrêter.

6 juillet – Rabanal

Hier soir, nous avons copieusement dîné dans mon auberge. Sous les voûtes sombres, la salle pleine à craquer a revêtu une atmosphère très tyrolienne. J'ai décidé de ne plus boire une goutte d'alcool jusqu'à la fin du pèlerinage, ce qu'Anne regrette beaucoup.

Deux jeunes couples souabes sont assis à une table voisine. Ils passent leur temps à me fixer gentiment mais de façon insistante. Ils rient, légèrement gênés. Anne est très agacée, elle se demande ce que nous avons de drôle. Je hausse les épaules car je n'ai aucune envie de lui expliquer que le show dont elle a vu par hasard sur la BBC des bribes en fin de soirée a été suivi par des millions d'Allemands à une heure de grande écoute. Elle doit sans doute me prendre pour un amuseur mal dégrossi et tout droit sorti de sa province. Je ne veux pas la détromper. Elle découvrira bien assez tôt qui je suis exactement. D'ici là, on a tout le temps d'apprendre à mieux se connaître.

Au moment où elle s'éclipse aux toilettes, les Allemands du Sud se précipitent pour me demander un autographe. Je dessine rapidement quelques caricatures sur des ronds de bock. Je signe la dernière quand Anne me rejoint. Elle ouvre de grands yeux intrigués en les entendant me remercier chaleureusement. Elle n'y comprend rien. Je mens de façon grossière : « Je leur faisais un croquis du Chemin. » Anne se rembrunit : « Comment ça un croquis du Chemin ? Tu ne connais rien d'ici ou alors tu es déjà venu ? » Je m'enfonce un peu plus : « Mais non, d'une route d'Allemagne. » En tout cas, ces Allemands lui semblent bien trop empressés et bien trop curieux…

En nous retrouvant ce matin, Rabanal est si belle que nous avons envie de faire une pause. On dirait la reproduction en miniature de la Grande Muraille de Chine. Mais aucun de nous n'ose l'avouer à l'autre. Anne me fait penser à une abeille qui butine, qui s'affaire sans relâche, et moi je passe depuis mon refus de tout alcool pour un ascète scrupuleux qui suivra sans dévier la Route jusqu'à Compostelle. Nous cherchons tous les deux à prolonger le petit déjeuner en évoquant les heures à venir sous le jour le plus noir possible. C'est un dialogue de sourds absurde. Tandis que j'observe le ciel dégagé, j'affirme qu'il va pleuvoir. Anne, la mine déconfite, proclame au contraire que nous allons mourir de chaud. Un bon moment s'écoule, jusqu'à ce que nous disions ensemble au même moment : « Restons ici ! » Anne doit prévoir de changer de *refugio*. Quant à moi, il me suffit de prolonger la location de ma chambre. Nous gaspillons la journée en promenades et en visites sous un beau soleil. Sheelagh arrivera peut-être aujourd'hui et sera certainement heureuse de nous revoir.

Hier, sur la route de Rabanal, j'ai raconté à Anne l'histoire de mon Péruvien. Elle s'est montrée sceptique et, à vrai dire, malgré mon insistance elle n'y croit pas : « Mais si, je t'assure, ce type-là existe bel et bien, et tout s'est passé comme je te l'ai raconté, au détail près. » Mais je me sens démuni. En m'écoutant, je trouve moi aussi que cette histoire sonne faux et à sa place j'aurais peut-être eu du mal à la croire. Je suis énervé parce que j'avais vraiment besoin de me confier et que maintenant elle me prend pour un cinglé. J'aurais mieux fait de tenir ma langue : de toute façon, Anne doute toujours de tout. L'après-midi même, elle ramène le sujet sur le tapis : « Tu persistes dans ton histoire de Ruco Urco ?

– Oui », et je la raconte encore une fois.

Mais plus je la raconte, plus elle me paraît stupide. Je préfère arrêter là. Anne me rappelle le conseil du dalaï-lama : « Ne ressasse pas ! »

J'en arrive à souhaiter de retomber sur ce fou édenté

pour fournir à Anne la preuve vivante de mon récit. Toute la journée, une légère gêne subsiste entre nous.

Dans la soirée, le campanile de la minuscule église de montagne appelle les pèlerins à la messe. Anne et moi sommes d'accord pour faire bénir la suite de notre pèlerinage. Nous gagnons le sombre sanctuaire médiéval. Les pèlerins se pressent et il ne reste que quelques places de libres dans les premiers rangs ou dans le fond de l'église. La petite Anglaise préfère s'asseoir devant. Il y a trop d'Allemands à mon goût et je gagne donc le dernier banc auprès de quelques vieux villageois. L'église est bondée. Tandis que les fidèles entonnent un chœur solennel, la vieille porte d'entrée s'ouvre violemment. Puis quelqu'un la claque avec fracas. Je sursaute et me retourne pour découvrir, telle une apparition, Ruco Urco.

Il avance en titubant sur ses pieds blessés, traverse la nef et se dirige vers l'autel. J'ai la chair de poule. J'essaie de faire des signes désordonnés à Anne, pour lui montrer du doigt l'individu et je chuchote assez fort : « C'est lui ! » Anne ne comprend rien et se contente de me faire « chut » avec son doigt posé sur ses lèvres.

Je décide alors de saluer Americo et j'oblige la grand-mère espagnole assise à mes côtés à se faire plus petite. Dès qu'il m'a reconnu, Ruco rayonne de joie comme un petit garçon qui aurait retrouvé son papa. Il s'écrase lourdement sur le banc, sous les yeux effarés de la vieille Espagnole, qui le dévisage comme si elle avait une vision. Je ne peux m'empêcher de l'embrasser, bien qu'il empeste la sueur et l'alcool. Les coups d'éventail de ma voisine n'y changent rien. Americo entonne de sa belle voix de basse le chœur espagnol. Au moment du sermon, me retenir de rire du Péruvien éméché m'est impossible et je lui reproche avec une sévérité feinte d'assister à la messe complètement saoul. À quoi il me répond, dans un très bon allemand : « Oui, je suis bourré. » J'essaie de le coincer : « Tu vois bien que tu parles allemand ! » Mais il est déjà reparti dans ses pensées et balbutie, presque inconscient, en espagnol : « *No.* »

À la sortie de la messe, je me précipite et le pousse gentiment d'un geste décidé : il ne doit à aucun prix s'échapper avant qu'Anne l'ait rencontré et qu'il lui ait raconté lui-même notre histoire en détail. Nous nous plaçons tout près du portail, Ruco commence à pleurer comme un gamin et m'implore : « Mon ange, tu es mon ange. » Il fait partager cette information alcoolisée à tous ceux qui quittent l'église. Enfin, au moment où Anne apparaît, je le lui présente : « Anne, c'est lui, c'est lui, Ruco Urco ! » Elle s'arrête, interloquée, et déclare froidement : « Mais ce n'est pas Ruco Urco, c'est Jorge de l'Équateur. »

Comme c'est intéressant !

Sans transition, je complète son pedigree : « C'est Americo du Pérou, alias Ruco Urco. Marié, deux filles ! »

« C'est faux », ricane Anne. « Il a un garçon, en tout cas c'est ce qu'il m'a raconté. » Americo, alias Ruco Urco, alis Jorge, nous affirme que tout est vrai. Il a deux filles au Pérou de son actuelle femme, et un fils en Équateur de son ex-épouse. Il est né en Équateur, puis il est parti plus tard chez les Indiens, à Cuzco. Il faudrait être bien malin pour s'y retrouver.

Mais qui est-il vraiment ? Anne me raconte en aparté qu'elle est tombée sur Jorge en chemin et que leur rencontre est liée à son tee-shirt. Que s'est-il passé au juste ? Elle ne veut pas en dire plus, c'est sans doute une histoire aussi tordue que la mienne.

Pendant ce temps-là, le Sud-Américain se met à geindre et à se plaindre. Il a été renvoyé du *refugio* car il n'avait pas de sac à dos : on l'a pris pour un SDF, on l'a jeté dehors. Il a pourtant un passeport de pèlerin qu'il brandit, aussi fièrement qu'un premier de la classe montre son livret scolaire. Il est allé le demander sur mon conseil. Son nom, Jorge, et son pays, l'Équateur, y sont indiqués. Je lui explique que si on possède un passeport de pèlerin on ne peut pas être refusé dans un *refugio*, à moins que tous les lits soient occupés.

« Ça c'est vrai », renchérit Anne. « On va y aller ! » Et là, devant le responsable du refuge, elle fait un foin du tonnerre, on dirait le caporal de Fort Knox, et elle parle un espagnol extraordinaire. Je me joins à elle et profite de l'occasion pour évacuer mes frustrations. C'est un vrai plaisir d'engueuler quelqu'un dans cette langue parsemée de consonnes sifflantes et de « r » sonores !

Le patron de l'auberge recule, puis, très vite, il capitule. Jorge obtient un lit. Le Sud-Américain éclate en sanglots et veut embrasser Anne. Elle se détourne vivement. C'est le genre de démonstration qui lui déplaît par-dessus tout. Il se met alors à brailler : « Comment vous remercier ?

– Eh bien, en venant dîner avec nous. » C'est sorti tout seul et Anne me regarde, furieuse, comme si elle allait me gifler. Je tente de la calmer en ajoutant : « Bien sûr, vous êtes mes invités. »

Nous trouvons une petite taverne en dessous de l'église. À peine avons-nous pris place et passé commande que je propose à mon hôte de raconter notre rencontre, à laquelle ses fausses identités ne changent rien. Jorge ne l'entend pas ainsi, il refuse et préfère discuter d'autre chose devant un bon verre de vin. Je ne suis pas du tout d'accord et j'insiste pour qu'il explique cette stupide comparaison avec Hitler. Il éclate de rire et affirme que c'était une mauvaise plaisanterie que j'ai mal comprise, mais que ça m'a fait beaucoup de bien d'évacuer ma bile. Donc c'était positif. « Et comment sais-tu que j'ai un chat à la maison ? Tu penses sans doute qu'en Allemagne nous avons tous un animal domestique ? » Il fait l'imbécile : « Ah bon, c'est donc comme ça, chez vous, en Allemagne ? » Après une courte réflexion, je tranche : « Non, bien sûr que non ! » Il se contente d'un bref sourire : « Eh bien, tu vois ! »

Il me reste une dernière question à éclaircir. Je lui

demande, assez énervé, de nous dire quelque chose en allemand. Jorge me lance un regard vide et affirme effrontément qu'il ne connaît pas d'autre langue que l'espagnol. Anne chuchote en anglais que c'est un pauvre mytho et que nous devrions finir de dîner rapidement pour nous en débarrasser.

Je suis d'accord ! Il n'y a plus rien à attendre de cette soirée. Mais Jorge renchérit, il veut en savoir plus sur le tee-shirt d'Anne. Est-elle un supporter du FC Barcelone ? Anne n'a aucune envie de répondre. « Non, tu me l'as déjà demandé. C'est le seul vêtement que j'ai trouvé sur le Chemin avec des manches assez longues et larges pour éviter les coups de soleil. C'est la raison pour laquelle je le porte. » D'une voix détachée, Jorge lui demande si elle se rend bien compte qu'avec ce maillot elle passe pour une *aficionada* du club espagnol alors qu'elle ne l'est pas. Anne n'apprécie pas spécialement cette remarque et commence à s'échauffer. Mais Jorge garde la main, il est complètement dégrisé. Il accule Anne, il est détendu et décidé. Comme elle, Americo connaît tous les détails de la Ligue anglaise. Anne avoue sans détour être une supportrice fanatique de l'équipe de Leeds. La conversation prend un tour passionné et tendu. Je n'y connais pas grand-chose, et encore moins en espagnol. Anne, c'est évident, est de plus en plus énervée. Et moi, cela me semble de plus en plus idiot.

Bien sûr, cela ne tarde pas. Une dispute à propos de je ne sais quel score ou quelle erreur d'arbitrage anglais éclate. Anne l'engueule et me fait comprendre qu'en fait, il parle anglais. En tout cas, je peux suivre à peu près le déroulement de l'affrontement à leurs voix et à leurs mimiques. Anne monte sur ses grands chevaux, elle n'arrive plus à se maîtriser. Pour Ruco, c'est un jeu, il la manipule tout en gardant son sang-froid. Il a trouvé son point faible et lui en fait voir de toutes les couleurs. La supportrice de Leeds n'est pas loin de lui jeter son verre en pleine figure. Elle lui hurle qu'il n'est qu'un charlatan et qu'un arrogant… À bien y réfléchir, c'est peut-être sa façon à lui de nous remercier : mettre le doigt sur notre point faible, pour mieux nous le dévoiler. Il est fou, mais il nous rend peut-être service, au fond. Pour abréger la soirée, je propose de laisser tomber le dessert, bien que la crème catalane maison ait excité mes papilles. Nous nous séparons devant l'église.

Anne et moi faisons un dernier tour du village sans nous parler beaucoup. Anne commente laconiquement : « Ce type est un hurluberlu… N'empêche, je n'aurais jamais dû m'énerver comme ça. »

Pensée du jour : Quelquefois, les gens les plus désagréables le sont pour notre bien.

7 juillet – Foncebadón et El Acebo

Ce matin, tout va bien, Anne et moi nous sommes levés tôt et de bonne humeur ! Nous partons pour l'étape que j'appréhende le plus depuis le début du pèlerinage : des montées escarpées dans une solitude totale, des centaines de chiens errants, et en prime une ville fantôme. J'avais toujours pensé la faire avec quelqu'un et je suis vraiment content que ce soit avec Anne.

En approchant de la ville déserte de Foncebadón, nous sommes tendus, nos bâtons brandis prêts à décimer les meutes de chiens, ou peut-être de loups, qui nous guettent… J'imagine l'horrible yéti de Calzadilla dans le rôle du meneur. Clairement, nous n'avons pas la moindre chance dans cette région qui regorge de monstres et de brigands depuis toujours. À l'exténuante traversée de la forêt s'ajoute l'angoisse de notre redoutable destination : nous sommes épuisés. À deux, c'est plus facile à supporter.

Après une heure et demie de marche, nous apercevons les ruines noircies de Foncebadón.

Le lieu est désert. Un chien famélique, de couleur cendre et de la taille d'un terrier, s'approche de nous. L'animal est affaibli et surtout en manque d'affection. Les quelques autres chiens qui se risquent hors de leurs tanières sont, tout comme lui, de malheureuses bêtes inoffensives et assoiffées de caresses. De jolis bâtards animés des meilleures intentions nous entourent en aboyant joyeusement et en agitant la queue. Cette histoire de chiens féroces m'a tout l'air d'une légende, en tout cas en ce qui nous concerne. Je ne sais pas comment ça se passerait avec un pèlerin de nuit apeuré.

Contre toute attente, au milieu de ces ruines nous trouvons un agréable restaurant, *La Taberna de Gaia*. Il a ouvert depuis une semaine. L'ambiance y est très particulière. On y sert de la cuisine médiévale et on boit l'eau tirée du puits. Une mère et sa fille habillées en costume d'époque font mijoter les plats dans la vieille cheminée. Nous engageons la conversation, mais j'ai du mal à suivre, ce qui n'est pas le cas du docteur Anne. On voit qu'elle a largement profité de son séjour chez les chauves-souris du Nicaragua.

Après la pause, nous grimpons péniblement vers El Acebo, l'un des sommets des monts Cantabriques. La température est clémente et nous nous arrêtons régulièrement, pour jouir du panorama. C'est superbe. Je suis très détendu. Le paysage est en parfaite harmonie avec notre conversation sur le bouddhisme. Il n'y a aucun bruit et nous ne croisons pas d'autre pèlerin. Au tiers de notre étape, nous atteignons une auberge ou plutôt un assemblage de planches bariolées. Une cloche carillonne à notre approche. C'est toujours ainsi quand un pèlerin s'approche. Un poteau indicateur, peint à la main, indique les distances jusqu'à Berlin, Jérusalem, Rome, New York, Buenos Aires et Sydney.

Nous sommes gentiment accueillis par un couple de jeunes hippies qui nous souhaite de voir s'éveiller en nous le Jésus de notre cœur. Je n'en demande pas tant, surtout après avoir aperçu un tout jeune berger allemand derrière la baraque, solidement attaché à une courte chaîne et en plein soleil. Le chiot est à deux doigts de crever. Il a devant lui une boîte de conserve rouillée et à sa façon désespérée de la lécher je comprends qu'il n'a rien mangé depuis longtemps. Ça tombe bien, mon Jésus intérieur, exaspéré, remonte à la surface ! Je demande sèchement à sa maîtresse, interrogative, une cuvette, que je remplis d'eau à ras bord et tends au chien. Le malheureux animal se précipite. Aux dires de ces illuminés, s'il n'a rien eu à manger, c'est qu'ils n'ont rien à lui donner. Quant à la chaîne, la réponse est incroyable : c'est pour l'empêcher de partir. On le comprend ! S'il est malin, c'est ce qu'il a de mieux à faire.

Comment ces hypocrites peuvent-ils supporter les glapissements continuels et désespérés de ce petit être ? Et souhaiter le plus sérieusement du monde aux pèlerins de découvrir le Christ ? Ce qui est sûr, c'est qu'eux ils en sont loin, même s'ils ont suspendu des crucifix et des images de la Vierge

Pour les pèlerins : panneau indicateur aux indications multiples.

un peu partout dans leur dévote baraque. Ils me dégoûtent ! Un peu plus tard, d'autres pèlerins, des Américains et des Australiens, s'extasient, admiratifs, devant ces hippies si proches de la nature. Je leur demande s'ils ont vu le chiot enchaîné. Ils ont tous vu la malheureuse bestiole en plein soleil et sans eau et l'ont trouvée « *so cute*[1] ». Tout comme l'endroit et les habitants : paradisiaque et *so cute*. Les cons ! J'espère que quelqu'un aura pitié du pauvre animal. J'aimerais bien le prendre avec moi, mais je ne peux tout de même pas le voler.

Au moment de repartir, le chien se met à geindre en nous regardant nous éloigner, malheureux comme les pierres. Il me faut un certain temps pour me remettre de cette image et je suis persuadé que c'est une erreur de l'avoir laissé là-bas. J'aurais dû obéir à ma première impulsion. À coup sûr, les joyeux hippies auraient été contents de se débarrasser du clebs. Anne tente de me convaincre qu'il aurait été impossible de continuer avec lui et qu'il n'y a rien à regretter. Je ne suis pas d'accord et je lui explique que chaque jour j'ai accepté les exigences de la Route et que celle d'aujourd'hui était de sauver le chien de cet enfer, même si cela m'aurait contraint à abandonner.

Mais non, mon égoïsme a pris le dessus. Bien d'autres pèlerins voyagent avec des animaux. Je soutiens que je ramasserai le prochain chien en perdition qui viendra à se frotter à mes jambes. Malicieusement, elle parie que non.

Nous arrivons enfin au pied de la Cruz de Ferro, cette célèbre croix en fer qui se dresse à mille cinq cents mètres d'altitude, au sommet d'un poteau en chêne. Comme le veut la tradition, nous jetons à ses pieds une pierre de chez nous. Moi, j'ai apporté un lapis-lazuli. Cette coutume remonte à plus de mille ans. C'est un geste symbolique qui doit

1. En anglais dans le texte.

chasser et faire disparaître tous nos soucis. Le tas atteint déjà plusieurs mètres de haut. C'est vraiment un sentiment exaltant d'être là sur le mont Irago, devant cette croix que l'on a atteint après des heures d'escalade. Alors qu'Anne et moi contemplons en silence le crucifix qui scintille au soleil, un couple descend d'une Passat immatriculée en Westphalie. Après m'avoir reconnu, la femme me demande si c'est bien moi, Kerkeling, qui ai grimpé jusqu'ici. Oui, c'est bien moi et je m'épate moi-même ! Elle prie alors Anne de la prendre en photo en ma compagnie. Celle-ci s'exécute de mauvaise grâce. Puis ils disparaissent, aussi

En silence, amassons des pierres du monde entier : la Cruz de Ferro sur le mont Irago.

vite qu'ils sont arrivés. « Mais pourquoi voulait-elle poser avec toi ? Je ne comprends pas. » Je lui explique que cette dame voulait sans doute la photo d'un vrai pèlerin. Anne est sceptique. Mes compatriotes se comportent bizarrement en ma présence et elle pense qu'il y a anguille sous roche.

Moi, je n'ai pas envie de me lancer dans une quelconque explication. Je reste aussi muet que la croix qui nous domine. Pour l'instant, je préfère continuer à ne rien révéler de ma célébrité.

J'ai connu trop de déconvenues avec des étrangers pour avoir envie de parler en détail de mon métier. Je me souviens notamment d'une soirée à Berlin, une première au théâtre, à l'issue de laquelle était organisé un petit banquet. Allez savoir pourquoi, j'étais quasiment le seul Allemand et l'on m'avait placé au milieu de représentants du ministère français de la Culture. Mon français n'est pas mauvais mais ne suffit pas pour tenir une conversation pendant toute une soirée. Et comme les hauts fonctionnaires français ne parlent qu'une seule langue, la leur, je suis vite dépassé. La secrétaire d'État à côté de moi – c'est du moins la fonction que je lui prête si j'ai à peu près compris – voudrait bien en savoir plus sur mon métier. Je lui lâche d'un coup : « Comique ! » Aussitôt, elle se rembrunit et me déclare, un rien arrogante : « Comment cela, comique ? Mais vous êtes connu ? Je n'ai jamais entendu parler de vous. » Cela amuse beaucoup l'assemblée. Cette VIP n'a vraiment aucun savoir-vivre… Je m'enquiers alors des comiques allemands qu'elle connaît en agrémentant ma question de grossières mastications. Elle respire longuement pour m'avouer qu'elle n'en connaît qu'un, dont elle a oublié le nom – si jamais elle l'a su… Un type exceptionnel, plein d'esprit et… bla-bla-bla. La bouche toujours pleine, j'essaie, dans un claquement de langue bruyant, d'approfondir. Elle reprend : « Mais si, vous le connaissez forcément, il est même passé en France aux infos. Il a imité la reine de Hollande ! » Plutôt flatté, je me présente : elle a devant elle, en chair et en os, la vedette en question. Elle semble en douter et se détourne, comme si je n'étais qu'un vulgaire imposteur sorti de sa province. Cette soirée m'a servi de leçon.

Anne et moi regardons toujours la croix, recueillis et silencieux. Je réfléchis. J'ai réussi à en arriver là et l'idée d'arrêter ne m'effleure même plus. Je suis très calme. Nous avons laissé nos inquiétudes derrière nous, nous faisons le point. J'essaie d'être le plus clair possible : « Tu sais, Anne, si je pense intensément à cette Lumière, qui est entrée en moi, mon cœur est envahi d'une sérénité sans bornes. Mais si ma tête se met à gamberger et à trop réfléchir, je me sens moins bien et je suis de nouveau assailli par le doute. » Anne commente rapidement : « Laisse tomber, ne réfléchis plus. » Notre objectif reste le même : Continuer. De toute façon, j'ai appris à me méfier le plus possible de ma première opinion et à ne lui faire confiance qu'après avoir réfléchi. Il faut que je trouve un équilibre entre la méfiance et la confiance. Je pourrais appliquer le principe suivant : faire confiance, mais vérifier quand même, de temps en temps. En fait, à partir de maintenant, je vais me comporter comme avec une voiture neuve. Normalement, on peut lui faire confiance, elle est sous garantie. Mais de temps en temps, une petite révision permet d'éviter les pannes éventuelles.

En clair : Agis selon ton cœur, tant que tu n'as pas l'envie de faire un casse à la caisse d'épargne et de prendre en otage la directrice d'agence. Garde confiance en toi tant que tu te sens bien et que tu ne nuis à personne. Le mot d'ordre d'Anne est simple : « Laisse tomber ! »

En tout cas, ça y est, ma pierre est au pied de la croix. Quel symbole ! Je saurai à mon retour si elle a tenu parole. En chemin, je jette aussi ma toute première paire de chaussettes. De toute façon, je ne pouvais plus les mettre. Je m'en offre une nouvelle, dans une « épicerie », des chaussettes bleu ciel en laine.

El Acebo constitue, c'est indiscutable, l'un des points culminants du voyage. Ce village montagnard semble tiré d'une histoire fantastique, il est accroché, tel un nid d'hirondelles, à un sommet de plus de mille mètres et domine ce paysage celte légendaire.

Je persuade Anne de prendre une chambre commune et nous partageons pour la première fois une chambre à trois lits dans une très vieille auberge. Après une trentaine de nuits en dortoir surpeuplé ou sous une tente glacée, elle semble visiblement heureuse de retrouver une certaine intimité. Et moi j'apprécie de pouvoir partager cette grande chambre. Nous sommes comme des amis, pour ainsi dire. J'ai maintenant le sentiment de connaître Anne depuis un siècle. On verra bien si nous continuons ensemble jusqu'au bout.

Anne n'a qu'un désir, après notre arrivée : dormir. Moi, je voudrais prendre un café et je m'installe à une table dans le jardin en friche pour compléter mon carnet de route. Les voisins de l'autre côté du grillage ne se prétendent sans doute pas catholiques, mais eux aussi ils ont enchaîné, sous un soleil de plomb, un malheureux chien, une chienne huskie adulte, qui jappe, désemparée. Que faire ? Le jardin est clos. Je ne peux pas écrire car le chien hurle pendant deux bonnes heures et sans interruption. L'hôtelière crie régulièrement par la fenêtre : « Inca, ferme-la ! » Elle semble habituée à ce spectacle pénible, personne ne bouge.

Je n'ai vraiment aucune indulgence et aucune compréhension pour les gens capables de se comporter ainsi avec d'autres créatures. Comment peut-on supporter toute la journée ces pleurs désespérés ? Je tente à plusieurs reprises de calmer la bête. Puis, exaspéré, je me mets à hurler comme un forcené en direction de la maison : « Qu'est-ce qui se passe à la fin ? Ce sont des chrétiens qui habitent ici, oui ou non ? »

Dix secondes plus tard, un homme plutôt timide sort détacher la chienne. Elle file aussitôt s'installer à l'ombre, se roule dans l'herbe et se calme. C'était pas plus compliqué que ça.

Je suis soulagé et me sens aussi bien qu'elle !

Anne est encore très fatiguée et nous nous reposons tout le reste de l'après-midi. Une dernière promenade nous conduit à l'extrémité du village. Nous y découvrons le vélo cabossé d'un pèlerin allemand qui a été incorporé à une espèce de petit monument. Le cycliste a fait une chute mortelle à la sortie du village et les habitants ont érigé une stèle à sa mémoire. Malheureusement, il n'est pas le seul à avoir trouvé la mort sur la Route. Sur le Chemin, on remarque fréquemment des petites bornes fleuries, avec des noms gravés dessus, qui rappellent les endroits où des pèlerins sont morts : soit d'une crise cardiaque, soit renversés par une voiture, soit après une chute mortelle. Ces bornes, qui jalonnent la Route, nous rappellent son défi.

Il nous reste deux cents kilomètres jusqu'à Saint-Jacques-de-Compostelle.

Pensée du jour : Je dis ce que je juge nécessaire, mais pas plus.

8 juillet – El Acebo

Pendant la nuit, Anne a terriblement ronflé, et cela m'a empêché de dormir. J'étais tellement énervé que j'en ai appelé une nouvelle fois à l'Univers pour arrêter ce tohu-bohu. Cinq minutes plus tard, tout s'est tu. Anne a dormi d'une traite jusqu'au matin. Je renouvelle mes compliments à l'Univers pour son efficacité.

C'est vraiment idéal de ne plus être seul sur la Route. Anne est amusante, je ris beaucoup et le temps passe vite. Quelle chance de s'être retrouvés à Astorga ! Marcher en solitaire était une expérience unique et nécessaire, je ne le regrette pas, mais marcher avec une amie m'aide à mettre en pratique ce que la Route m'a appris. Plus nous avançons, plus nous apprécions de marcher ensemble.

Au lever, Anne a l'air chiffonné et fourbu. Je ne vaux guère mieux. Nous décidons de rester une nuit supplémentaire. C'est également pour attendre Sheelagh, que nous risquons de perdre de vue. Il reste même un lit pour elle dans notre chambre. Anne se recouche aussitôt et sombre instantanément dans un sommeil profond. Une faim matinale me pousse dans la salle de restaurant. Comme dans chaque auberge depuis le départ je me fais servir un café et un gâteau marbré et desséché. Je réussis à réserver une deuxième nuit. Cela marche et c'est une chance, parce que trouver une chambre ne va jamais de soi sur cette Route. Dans la pièce règne un va-et-vient assourdissant de pèlerins, originaires du monde entier. Alors qu'un groupe d'Argentins fête joyeusement un anniversaire, un pèlerin essoufflé et trempé de sueur pénètre dans la pièce : c'est le «pèlerin du lac de Constance». Je n'arrive pas à y croire. Schnabbel et Gerd ne vont pas tarder à surgir.

Comme il y a peu de place dans la pièce, je l'aiguille vers ma table et lui demande aussitôt ce que Gerd et Schna… heu, sa femme, deviennent. «Ingeborg, elle s'appelle Ingeborg», m'apprend-il. Lui s'appelle Thomas, d'ailleurs. Schnabbel s'appelle donc Ingeborg ! Où les a-t-il donc laissés ? Il hausse les épaules : «Aucune idée. À un moment, leurs disputes m'ont tellement exaspéré, que je les ai laissés tomber.»

Fidèle à lui-même, le «pèlerin du lac de Constance»

entame une conversation d'une rare bêtise. Il se demande ce que je compte faire du jeune garçon qui marche depuis peu avec moi.

« Quel jeune garçon ?

– Eh bien... le petit garçon aux cheveux roux en épis et avec un tee-shirt de football ! »

Seigneur ! Il parle d'Anne. De loin, elle ressemble en effet à un jeune garçon. Fantastique ! Ils vont tous croire que je voyage avec un enfant. Le « pèlerin du lac de Constance » m'interroge du regard et je déclare : « Mais c'est une amie. » Il insiste : « Une fille ? Mais cet enfant ne ressemble pas du tout à une fille. »

Je lui répète, passablement énervé, que c'est bien une femme et qu'elle a quarante-trois ans, mais il ne veut pas me croire, il ne faut pas le prendre pour un imbécile, dit-il. Par chance, Anne possède un septième sens et nous rejoint juste à ce moment-là, vêtue de sa tenue habituelle. « Tiens, regarde, voilà le petit jeune ! »

Plus tard, quand je raconte cette histoire à Anne, elle pique un fou rire. La journée commence fort et cela continue. Une histoire drôle en chasse une autre. Je sais qu'il n'y a rien de plus délicat que d'expliquer une plaisanterie, mais je vais essayer. Pour que cela marche, il faut parfaitement maîtriser l'anglais et l'espagnol.

Cela se passe au même endroit, dans la salle de restaurant, où pénètre, éreintée, une jeune Américaine. Le groupe argentin lui fait fête, ce qui amène de sa part la réponse suivante : « *Estoy embarazada !* [1] » Elle parle un peu espagnol et les Argentins s'en sortent à peu près en anglais.

Une Argentine vient caresser le ventre de l'Américaine et lui demande en anglais : « *How is the baby ?* » – Comment va le bébé ?

L'Américaine (*désemparée*) : « A baby ? » – Quel bébé ?

1. En espagnol dans le texte.

Compagnons de route.

L'Argentine (*étonnée*) : « But you said to me in spanish : Estoy embarazada. » – Mais tu viens de me dire en espagnol que tu es enceinte.

L'Américaine (*elle confirme*) : « Si ! He dicho : Estoy embarazada. » – Oui, j'ai dit : Je suis enceinte.

L'Argentine (*troublée à son tour*) : « So, you are embarassed ? »

(En fait, elle pensait dire en anglais : « Tu es donc bien enceinte. » Or, en anglais *embarrassed* veut dire « gêné », et non pas « enceinte ».)

L'Américaine (*grimace et comprend*) : « So, I thought embarazada is embarrassed. » – Mais je pensais que *embarazada* signifiait *embarrassed.*

Mais l'Argentine comprend seulement : « Ah, je croyais que "enceinte" signifiait "enceinte" ! » Elle prend l'Américaine pour une parfaite idiote, sans deviner sa propre erreur.

La confusion nous fait éclater de rire, Anne et moi. Notre gag fétiche vient de naître. Dans les deux langues, c'est un succès garanti. Au moment où nous passons en revue les situations comiques dont nous avons le souvenir, Sheelagh arrive. Notre première question coule de source : « Hello, Sheelagh ! How is the baby ? » Et, comme prévu, elle demande, étonnée : « A baby ? » Cela marche à la perfection.

Sheelagh est épuisée mais souriante : elle marche depuis six heures. Néanmoins elle est très ennuyée car il n'y a plus un seul lit de libre dans le village. Nous décidons de la faire marcher. Anne affirme que nous avons eu une chance inouïe car nous avons récupéré la dernière chambre double. D'ailleurs, nous allons la lui montrer. Nous sommes aussi heureux qu'elle lorsqu'elle découvre, ébahie, qu'un troisième lit l'attend.

Le reste de la journée nous paressons dans le jardin, lavons notre linge, buvons du café, mangeons des gâteaux, jouons aux cartes et nous racontons des histoires. Dans le jardin du voisin, Inca, le chien de traîneau, tend les oreilles et nous écoute. Il apprend ainsi, entre autres choses, que Sheelagh est responsable de la planification urbaine à Wellington et qu'elle a deux filles, deux adolescentes débrouillardes dont elle est très fière.

Pensée du jour : Vive les subtiles différences entre les langues !

9 juillet – Molinaseca, Pontferrada

Ce matin, Sheelagh a absolument tenu à régler la note d'hôtel, mais j'ai refusé. Pour ne pas être en reste, elle nous offre un excellent petit déjeuner. L'addition était presque aussi élevée que celle de la chambre, ce qui lui a également fait plaisir.

Pendant cette pause, Anne s'est trop bien reposée. Hier soir elle n'arrivait pas à fermer l'œil et ne cessait de bavarder à tort et à travers. Sheelagh a réagi en maman, et nous a raconté, pour nous endormir, une captivante histoire de fantômes qui s'était déroulée au siècle dernier, dans sa maison natale de Wellington.

L'un de ses ancêtres gallois élevait des chevaux dans une magnifique propriété. Il avait un palefrenier à son service dont l'unique travail consistait à dresser la perle de son élevage, une fougueuse jument blanche. En fait, ce dernier maltraitait violemment l'animal indocile, se levant même la nuit pour le bourrer de coups. La bête était terrorisée : dès qu'elle entendait les pas du palefrenier, elle gémissait de peur et grattait le sol.

Une nuit qu'il a oublié de fermer la porte de l'écurie, la jument s'enfuit au triple galop et se tue en faisant une chute mortelle. Cette même nuit, le palefrenier est chassé. Mais depuis cet accident, l'éleveur a perdu tout sommeil. Il passe la nuit à arpenter nerveusement sa chambre, le grincement du parquet est épouvantable. Il meurt de chagrin peu après.

De nos jours, on entend encore, pendant la nuit, le piétinement du valet dans la cour, le galop effréné de la jument et les craquements dans la chambre du vieil homme. Personne ne peut plus dormir dans cette maison. La télévision a même diffusé un documentaire sur ce sujet.

Sheelagh a un véritable don pour raconter des histoires : elle reproduit parfaitement les bruits inquiétants des pavés et du plancher, on a vraiment peur. Pendant le récit, Anne s'est endormie du sommeil du juste, mais moi je ne peux plus fermer l'œil. Je demande pourtant à Sheelagh de promettre qu'elle me racontera d'autres histoires de revenants.

Aujourd'hui, nous sommes partis trop tard. Il fait déjà très chaud. Pour Sheelagh, Anne et moi ne sommes pas les compagnons idéaux. Nous sommes déjà bien trop habitués l'un à l'autre. Elle préfère prendre un peu d'avance. Elle est comme ça, notre maman !

Aujourd'hui encore, le chemin est passionnant. Ces deux femmes sont vraiment les amis que j'ai cherchés depuis le début de la Route : pleines d'humour, ouvertes et chaleureuses. Nos vies se dévoilent en toute liberté. Ni Sheelagh ni Anne n'insistent lorsqu'il est question de mon métier et je continue à rester discret. Sheelagh a beaucoup de recul et de détachement, elle considère qu'il faut respecter les silences de chacun. Sous-entendu : « Quand tu en auras envie, tu en diras plus, mais ce que tu as déjà laissé entrevoir semble très intéressant ! »

Les paysages sont beaux à couper le souffle. Pendant des heures, nous traversons des montagnes sauvages, couvertes de forêts, dans lesquelles s'ébattent des dizaines d'animaux. Je ne tiens plus le compte exact des kilomètres parcourus. C'était sans doute une sorte de thérapie pour m'occuper l'esprit. Maintenant cela m'est complètement égal car à moins d'un événement extraordinaire, je ne suis plus seul à marcher. Sheelagh veut absolument savoir à quoi ressemble l'Allemagne car elle n'y a jamais mis les pieds. Elle n'en a aucune image précise, sauf de la région alpine. Je me rends compte que c'est un vrai défi de décrire quelque chose d'aussi naturel et familier. Je ne connais pas la Nouvelle-Zélande, il m'est donc impossible de faire d'éventuelles comparaisons et Sheelagh n'a voyagé jusqu'alors qu'en Asie du Sud-Est. Pour Berlin, Anne me vient en aide et sa description est bonne. J'essaie de projeter dans l'imagination de Sheelagh quelques images attachantes, vivantes et variées de mon pays : mes photos les plus intimes de la Rhénanie-Westphalie, des îles de légende comme Sylt et Rügen, les villes les plus chargées d'histoire comme Hambourg, Dresde ou Munich. J'évoque la Forêt Noire, et la Lorelei dans la vallée du Rhin. Je lui recommande de se représenter l'ensemble sous une volée de cloches qui carillonnent, parce qu'en Allemagne il y a toujours quelque part des cloches qui carillonnent. Pour finir, j'ajoute fièrement à ma description nos innombrables spécialités de pain. Visiblement je suis parvenu à exciter son appétit pour ce petit pays exotique, aux multiples facettes. Je suis content de moi, l'Allemagne est vraiment un joli petit coin méconnu de la planète. Il m'a fallu m'astreindre à cet exercice pour redécouvrir et comprendre mon profond attachement à ces lieux. Voilà comment un pèlerin peut en passant discrètement relancer le tourisme languissant de sa mère patrie. À son tour, la Néo-Zélandaise essaie de me décrire son île, la perle de l'océan. Le décor, inondé de chants d'oiseaux tropicaux, est hallucinant. Je n'ai qu'une envie : prendre le premier vol pour découvrir ce paradis.

Un peu plus tard, en descendant, nous apercevons au loin le village de Molinaseca, cerné de vignobles et arrosé par le Meruelo. Le hasard veut que le paysage ressemble à la partie septentrionale du Palatinat. Tout y est : les coteaux, les vignes et même les maisons à colombage recouvertes d'ardoises. Il ne manque qu'un petit château fort accroché à une colline. Plus nous approchons, plus cette ressemblance avec la vallée romantique de l'Ahr est stupéfiante, et quand les cloches se mettent à carillonner, l'illusion est à son comble : « Regarde, Sheelagh, tu voulais absolument voir l'Allemagne. Eh bien : *Welcome to Germany*[1] ! »

En effet, Sheelagh et Anne trouvent aussi que ce petit village détonne par rapport aux autres paysages de l'Espagne du Nord. Quelques enfants se baignent en chantant dans la rivière, Anne ne peut résister et plonge dans l'eau fraîche. Moi, je n'ai pas le courage de chercher mon maillot dans le bazar de mon sac à dos. Je renonce à me baigner. Après cette séance de barbotage, mes deux compagnes décident de s'arrêter pour visiter cette petite ville insolite.

1. En anglais dans le texte.

Je suis trop écrasé par la chaleur et préfère partir doucement devant. Anne et Sheelagh me rattraperont un peu plus tard. Notre étape du jour, Pontferrada, ne doit être qu'à deux ou trois heures maximum. Entre nous, tout est simple et fonctionne sans accroc. Chacun fait à son idée, comme il le sent et personne ne se vexe.

Au cours de la marche, il me revient un vieux titre de Donna Summer, que je chantonne à voix basse, une rengaine qui renforce ma bonne humeur.

Au bout de quelques kilomètres, après avoir traversé le village de Campo, je quitte la campagne pour longer une nationale morne et grise, très fréquentée. Quelques centaines de mètres plus loin, on bifurque une dernière fois sur un sentier calme qui gagne Pontferrada. Aucune flèche, aucune coquille n'indiquent ce chemin, cela ne doit pas être la route officielle de Saint-Jacques. J'ai la flemme de sortir ma carte. Habituellement, je ne quitte jamais le chemin balisé, mais aujourd'hui j'ai tout mon temps. Je pourrai toujours rebrousser chemin en cas d'erreur. Il y a deux semaines, je n'aurais jamais osé le faire, j'étais bien trop fatigué. De toute façon, ce sentier solitaire est mille fois plus attirant que le trottoir défoncé de la nationale.

D'un pas léger, je m'enfonce à l'aveuglette. Je ne sais pas ce qui m'a pris, peut-être est-ce une ruse du diable. La chanson de Donna Summer trotte encore dans ma tête et je me laisse porter. Un kilomètre plus loin, le chemin me ramène visiblement à mon point de départ. Le regard vide, j'aperçois au loin un panneau de signalisation cabossé, au pied duquel gémit une petite pelote rouge. Ce n'est pas possible ! Encore un chien abandonné enchaîné en plein soleil ! Trop tard, pas question de faire comme si je n'avais rien vu. Il aboie dans ma direction, lui aussi m'a aperçu. Je cours vers le panneau et découvre un minuscule chien roux complètement affolé. C'est un très joli croisement de loulou et de teckel. Son cou saigne à cause du frottement de la corde. Je crois que personne ne s'est jamais autant réjoui de me voir, sauf peut-être ma mère quand je suis né.

Visiblement, il n'a pas vu âme qui vive depuis des jours. Aucun pèlerin ne s'égare par ici, il n'y a qu'un triple idiot comme moi pour venir trouver un chien dans ce coin paumé. Après l'avoir détaché, je repars avec l'animal sous le bras. Anne a perdu son pari, j'imagine déjà sa tête !

De toute façon, cela devait arriver, je l'avais tellement souhaité. L'animal est aussi malin qu'attendrissant, et il me regarde, fasciné. Nous nous trouvons extraordinaires et je crois que nous sommes assez emballés, l'un et l'autre. Je le baptise Pepe, à cause de son poil rouge. Quand je l'appelle, il comprend et commence à répondre, mais il refuse d'obéir à tout ce qui ressemble à un ordre.

De retour dans le petit bled, je mène l'enquête. Personne ne connaît ce chien ou son éventuel propriétaire. Un vieux me conseille même d'aller le rattacher là où je l'ai trouvé. Dans aucune « épicerie » on ne reconnaît Pepe. Dans ce

Une richesse inestimable : être avec des amis sur la route.

village, il est un étranger, comme moi. Et lui non plus, il ne reconnaît rien ni personne. Bien sûr, l'animalerie refuse de le recueillir. Je lui achète une laisse et un collier, assortis à son pelage, rouge vif. C'est de la dernière mode à Düsseldorf!

Après ces recherches infructueuses, nous repartons vers Pontferrada que nous atteignons en fin d'après-midi. C'est une grande ville, nous pourrons sans doute y trouver une solution. Anne et Sheelagh m'ont probablement devancé depuis longtemps. L'hôtel de ville est encore ouvert. Une dame très dévouée m'explique que, pour éviter la fourrière à Pepe, la seule solution serait un refuge privé qui le garderait jusqu'à son placement. Pour l'instant, notre priorité est de chercher un toit pour dormir. Refusés partout à cause de Pepe, nous finissons par atterrir, une fois le chien habilement dissimulé, dans la chambre douteuse d'une pension miteuse. Je paie cash, au cas où l'on me surprenne avec le chien. Je pourrai toujours prétendre qu'il est à un ami. À peine la porte de la chambre passée, Pepe se sent chez lui et profite du dessus-de-lit blanc pour essuyer ses pattes pleines de terre rouge. Après avoir rangé mon sac, je repars, toujours avec le chien, à la recherche d'Anne et Sheelagh. Elles se font certainement du souci. Au bout d'une heure et demie, je finis par découvrir dans un quartier moderne, à l'écart de la vieille ville, un *refugio* très laid, une barre blanche des années 1970. Le temps de m'informer de la présence d'Anne et Sheelagh, un groupe de pèlerins s'est attroupé à mes pieds autour de Pepe. Lorsque mes deux amies surgissent, elles paniquent et s'imaginent, à la vue de l'attroupement, qu'il m'est arrivé quelque chose, que je suis blessé. Puis elles découvrent, déconcertées, mon nouvel ami espagnol. Anne est désemparée : « *Oh God* ! Hans, où étais-tu ? Que s'est-il passé ? Mais où l'as-tu trouvé ? » Je leur relate toute l'histoire, mais, à vrai dire, ce qu'elles en pensent m'est égal. Toutes les deux, bien sûr, me traitent d'inconscient, mais s'éprennent sur-le-champ du petit Pepe. C'est Anne, la première, qui pose la question cruciale : « Dis-moi, je t'en prie, que tu ne vas pas le garder. » Je leur explique que je ne me séparerai du chien qu'à condition d'être sûr qu'il soit en parfaite sécurité.

Nous gagnons le commissariat de police. Par chance, Anne s'exprimant à la perfection, pour notre affaire c'est un bon atout. L'adoption de Pepe se révèle trop compliquée, il devrait subir une longue quarantaine, et moi, beaucoup d'attente et de paperasse. C'est pourquoi le gendarme me conseille, lui aussi, de placer Pepe dans un refuge privé. À plusieurs reprises, j'exige du fonctionnaire qu'il me garantisse que l'animal ne sera pas tué. J'ai entendu les histoires les plus atroces sur la condition des chiens en Espagne et je ne veux pas avoir sauvé Pepe pour qu'il soit ensuite tout simplement liquidé. Il m'assure, en toute bonne foi, que je peux compter sur sa parole et fait venir le représentant assermenté de la SPA locale. C'est un homme agréable, un propriétaire terrien qui sait s'y prendre avec les chiens : dès la première seconde, Pepe s'attache à lui et ne veut plus le quitter. Au moment où le chien s'assied sans faire de manières dans la camionnette, Anne et Sheelagh poussent un soupir de soulagement. Je suis rassuré. Puis, comme un gosse, je me mets à pleurer. Je suis épuisé et triste d'avoir perdu Pepe. Mais je sens bien que c'est mieux ainsi.

Mes amies, toujours très érudites, décident de visiter le château mondialement célèbre des Templiers. Je préfère rester assis, les pieds en éventail, à attendre le retour de mes châtelaines, dont les têtes, depuis les créneaux, m'envoient leurs hommages. Nous passons le reste de la soirée à nous détendre dans cette ville magnifique et terminons notre étape à Pontferrada par un somptueux dîner, dans un restaurant sélectionné par Sheelagh.

Pensée du jour : Fais chaque jour ce qu'on attend de toi.

10 juillet – Villafranca del Bierzo

Je trouve à peine le temps d'écrire et pourtant il y aurait beaucoup plus à raconter que d'habitude. Anne, Sheelagh et moi sommes parfaitement complices, comme une famille. Sheelagh est une maman qui s'occupe de tout, Anne et moi, ses enfants souvent désobéissants, habitués à être trop gâtés et à se laisser vivre. C'est simple, Sheelagh s'occupe de tout. Elle prévoit les restaurants, les magasins, les curiosités et le logement à chaque étape. Mon guide ne quitte plus mon sac, car il n'a aucune chance de rivaliser avec le sens de l'orientation et le flair de Sheelagh. Certes, la Néo-Zélandaise au grand cœur n'en est pas encore à faire notre lessive et à repasser nos vêtements, mais ce n'est plus qu'une question d'heures !

Hier soir, sur la *plaza*, nous avons fait la connaissance d'un Belge barbu et corpulent, Éric, parti de Gand depuis trois mois. Tant ils sont déformés, ses pieds ressemblent à ceux d'un hippopotame rose. Une voiture de la radio flamande le suit et retransmet chaque jour en direct ce qu'il a vécu sur le Chemin. Oui ! On trouve même des pèlerins qui font la Route avec une voiture de la radio flamande !

Aujourd'hui, nous nous sommes levés beaucoup plus tard que Sheelagh, environ quatre heures après elle, et nous sommes restés près de deux heures attablés à boire paresseusement cinq ou six cappuccinos. Nous ne sommes pas partis avant midi. À cette heure-là, Sheelagh était déjà arrivée depuis longtemps à l'étape suivante. « Maman » est vraiment un modèle, elle fait tout comme il faut, tandis que nous, nonchalants comme des adolescents, nous traînons les pieds.

Anne ne se sent pas très bien aujourd'hui. La nuit dernière, lors de notre repas aux chandelles, elle a abusé du vin espagnol. Moi je tiens et je continue à boire de l'eau, comme je me le suis promis. Au retour, elle s'est effondrée au pied de Sheelagh, qui a commenté : « Anne, tu n'apprendras donc jamais ! » Aujourd'hui, elle se sent suffisamment en forme pour reprendre la route vers Villafranca del Bierzo.

Le soleil plombant de midi n'est plus un problème : nous l'avons apprivoisé depuis longtemps. Pour lui résister nous avons des chapeaux, des crèmes solaires et de l'eau. Je force régulièrement Anne à s'arrêter pour boire : elle s'exécute car elle a compris que ça lui faisait beaucoup de bien. Il était temps !

Ce chemin ombragé aux paysages variés est vraiment l'une des étapes les plus faciles. Nous y profitons largement des nombreux points d'eau. Nous marchons seuls pendant près de six heures. Le décor du fertile Bierzo me rappelle les vignobles du Palatinat.

En arrivant le soir dans le tout petit village romantique de Cacabelos, Sheelagh nous attend sur une borne. Elle vient de se doucher et ses cheveux mouillés ont des reflets orangés dans le soleil. Elle s'inquiète : « Mon Dieu, mais où étiez-vous donc ? Je pensais que vous n'étiez même pas partis. »

Elle est épuisée, c'est pourquoi ce soir elle dormira dans une auberge haut de gamme, un hôtel qui propose des chambres individuelles. Le grand luxe ! Elle nous fait sur-le-champ un savant massage de pieds des plus relaxants. Elle sait tout faire ! Elle nous raconte en même temps de nouvelles histoires de fantômes et nous l'écoutons en roulant de grands yeux, comme des enfants. Et si je n'avais pas secoué violemment Anne, elle se serait endormie. Tous les deux, nous profitons d'une bonne demi-heure de repos, allongés sur le lit de Sheelagh. Nous sommes déçus de ne pas pouvoir rester dans cette auberge de rêve, mais elle affiche complet, et la règle veut qu'il n'y ait pas de réservation : celui qui arrive le premier a la priorité pour dormir.

Nous laissons Sheelagh et repartons pour une bonne

heure et demie de marche vers Villafranca. Nous la retrouverons demain soir.

Villafranca del Bierzo est une petite ville romantique, qui semble tout droit sortie de la vallée de la Moselle. Nous y pénétrons, épuisés, par la Porte de la Miséricorde. Les pèlerins affaiblis ou malades qui ne peuvent pas aller plus loin obtiennent ici dans l'église Saint-Jacques leur diplôme de pèlerin. C'est pourquoi Villafranca s'appelle également depuis le Moyen Âge « le petit Compostelle ». Pendant un moment, nous caressons l'idée d'arrêter là. Nous irions chercher notre diplôme doré, puis nous nous installerions dans un bar confortable pour déguster des cappuccinos avec des biscuits au beurre et envoyer à nos amis des textos pour annoncer notre retour prochain. Mais, non, impossible, « maman » serait sûrement trop déçue.

À partir de demain débute l'étape la plus dure : *El Camino duro*. Avant d'atteindre Compostelle, l'apôtre Jacques a compliqué le parcours. Plus d'un pèlerin a abandonné sur cette portion, juste avant la remise de la médaille. La sélection est impitoyable.

Le cimetière des pèlerins est éloquent. Il témoigne du nombre de chrétiens venus de toute l'Europe pour perdre leur vie, ici, depuis des siècles.

Pour cette nuit, nous avons une petite pension propre et bon marché.

Pensée du jour : Je me suis trop longtemps tourné vers moi-même, il est temps de me tourner vers les autres.

11 juillet – Trabedelo, Vega de Valcarce

Il existe deux routes différentes au départ de cette étape. L'une, la plus longue, s'élance à l'horizontale dans la montagne, c'est le *Camino duro*. L'autre longe une route nationale saturée, la N6. Si j'ai bien lu mon guide, l'une comme l'autre sont redoutables.

Contrairement à nos habitudes, nous nous levons très tôt, comme si nous avions deviné ce qui nous attend, et nous choisissons instinctivement le sentier de montagne. Il commence derrière l'église, et à pic. Il ne faut pas plus de cinq minutes pour que ma jambe et mon genou se rappellent à mon souvenir. Les douleurs sont épouvantables. Je n'ai pas le choix, il faut abandonner.

Je m'engage donc sur la nationale. Anne éprouve une peur panique à la pensée des voitures et préfère continuer dans la montagne. Nos deux routes se rejoignent au lieu-dit de Trabadelo, à environ deux kilomètres de Vega. Nous nous y donnons rendez-vous devant une tasse, ou plutôt cinq tasses, de café au lait. Nous avons devant nous quatre heures de marche en solitaire.

Arrivé sur la N6, je n'en crois pas mes yeux. C'est inimaginable ! Il n'y a aucun bas-côté aménagé. Il faut marcher sur une piste d'un mètre cinquante de large. Des centaines d'autos et de poids lourds foncent à toute allure dans un bruit assourdissant. Je ne peux pas croire que des pèlerins soient autorisés à marcher sur cette étroite nationale à double sens. Elle devrait être interdite aux piétons. Les Espagnols ont-ils donc les pieds plus agiles que les autres pour autoriser un bipède à s'engager sur cette voie ?

La vision est dantesque. À droite, à portée de main : la route. À gauche, juste sous les rambardes défoncées, un ravin de quinze mètres, au fond duquel roule un torrent impétueux et, de l'autre côté, des rochers et des falaises calcaires à l'aplomb.

Pour éviter les poids lourds, il ne me reste que vingt centimètres. Je dois à chaque passage me plaquer les cuisses contre les barrières de fer, tout en regardant, pétrifié par l'angoisse, l'eau qui bouillonne au fond du précipice. Malgré d'immenses panneaux de signalisation routière, les routiers frôlent la misérable piétaille qui chemine, sans lui porter la moindre attention. Ils y prennent un plaisir évident, et les automobilistes aussi.

Dans les innombrables virages, des casse-cou n'hésitent pas à doubler dans les deux sens. La seule solution, pour éviter la collision, c'est de courir avec dix kilos sur le dos et par 35° à l'ombre. Je maîtrise mieux mes nerfs que mes jambes. Mon métier m'a habitué à ce type de stress.

La route se rétrécit. Pas étonnant que les camions ne cessent d'empiéter sur la piste ! Deux kilomètres de ce couloir de la mort me rendent fou. Le danger me fait hurler, je gueule à tout va : « Ça suffit ! Basta ! Allez vous faire foutre ! »

Pour braver les automobilistes, je tends mon bâton de pèlerin d'un mètre vingt au bout de mon bras et je gagne ainsi deux bons mètres. Cet obstacle vertical les oblige à rétrograder brutalement, pour éviter le choc. Cela ne les rend pas plus pacifiques, mais cela me rassure. Pour sortir de cet enfer, je vais tenter de faire du stop, mais l'entreprise est vouée à l'échec. Les Espagnols ne prennent pas de pèlerin, cela ne se fait pas. Et même si quelqu'un voulait s'arrêter, il ne le pourrait pas : il n'y a aucune visibilité, ce serait suicidaire.

J'essaie d'appeler la centrale de taxis de Villafranca, au milieu de ce vacarme assourdissant. Mais mon portable m'apprend que cette centrale n'existe pas. Je dois encore faire sept kilomètres dans cet enfer !

Mon bâton à bout de bras, je remonte la route sinueuse

au pas de course, sur plus d'un kilomètre, pour tenter de sauver ma peau. Vision héroïque ! Je suggère de proposer ce chemin comme discipline olympique. Tous les muscles sont mobilisés et le spectacle est garanti. Peu avant le point de rendez-vous avec Anne, la voiture radio de notre ami belge me dépasse. Si j'avais su ! Ils m'auraient sûrement pris à leur bord. Enfin, désespéré et furieux, je finis par atteindre sans espoir de médaille l'étape intermédiaire de Trabadelo. Où ai-je donc atterri ? Cette localité est une immense station-service avec plus de vingt pompes à essence… Dans cet enfer pour pèlerins, il est interdit de faire du feu… Cela tombe bien !

Un peu plus loin, j'emprunte le sentier sur lequel je devrais rencontrer Anne descendant de la montagne. Le silence est irréel : pas de moteur, pas de klaxon, pas même une petite cascade ! Pauvre Anne, elle ignore encore que nous devons continuer sur cette route, sans échappatoire possible. Je vais le lui apprendre le plus délicatement possible.

Je me poste, pour l'attendre, devant une petite taverne en bordure d'un bois. Le tenancier, grisonnant et légèrement confus dans sa veste de laine parsemée de paille, prend ma commande à trois reprises et à trois reprises je fais la même réponse. Il semble avoir tout oublié. Sa petite maison est un modèle de kitsch, elle déborde de nains de jardin, de figurines de contes de fées et d'animaux fantastiques. Depuis des années, le soleil a tout décoloré. Tout a déteint – comme la mémoire du patron. Ce lieu est tout à la fois absurde et irréel.

Cinq minutes plus tard, j'aperçois Anne qui marche vers moi d'un pas décidé. À la façon trop rapide dont elle avance, je devine aussitôt qu'elle est en colère. Après avoir balancé son sac de laine bleue, elle explose littéralement : « C'était l'étape la plus "chiante" de toute la Route ! »

Elle raconte, rouge de colère, qu'elle s'est retrouvée sans aucun avertissement préalable au beau milieu d'un dynamitage de rochers. Elle a cru mourir. Ensuite, elle est tombée nez à nez avec un troupeau de taurillons effarouchés prêts à l'embrocher. D'ailleurs, l'une de ces bêtes l'a chargée et elle a eu bien du mal à s'en tirer.

J'ai de la peine à réprimer un fou rire et Anne, à son tour, est secouée d'une crise libératrice. Elle me demande : « Et toi ? Comment ça s'est passé ? Tu fais une drôle de tête. » Et tandis que je lui décris mes mésaventures, elle devient aussi pâle que les nains de jardin qui nous entourent.

Nous tentons de nous rassurer mutuellement. J'explique à Anne, à doses homéopathiques, qu'il nous reste sept atroces kilomètres de nationale et que nous devrions les faire au plus vite.

Sans discuter plus longtemps, nous quittons la forêt enchantée pour la piste infernale de Verga.

La nationale s'est encore rétrécie, il n'en reste plus grand-chose, sauf les poids lourds qui vrombissent comme des fusées. Pour maintenir le plus possible à distance cette sale engeance, je cours, je hurle, je brandis mon bâton tel le

Le début d'une hallucination ?

chef d'un commando suicide, tandis qu'Anne jure derrière moi et, désespérée, se met, elle aussi, à hurler. Je remarque soudain qu'elle se dirige vers le milieu de la route et essaie avec des cris de Tarzan d'arrêter les camions, qui répondent par d'aveuglants appels de phares et de violents coups de klaxon. De grosses larmes roulent sur ses joues. Elle est vraiment en danger de mort. Je la rattrape, la saisis par la nuque et la ramène au galop sur le bas-côté, pile devant la glissière de sécurité prête à s'effondrer sous notre poids. Avec des sons primitifs que je ne me connaissais pas encore, je l'engueule tellement fort qu'elle prend peur puis se met à marcher docilement derrière moi en sanglotant. Sa crise de nerfs aurait pu nous coûter la vie. Je marche à une vingtaine de mètres devant elle et j'essaie aux endroits sans visibilité de tendre l'oreille, pour estimer la distance qui nous sépare des voitures qui roulent vers nous.

À mon commandement, «*Now!* – Maintenant!», nous piquons un sprint à chaque virage. À défaut de klaxon, nous hurlons à pleins poumons.

Dans un dernier virage, nous croyons notre dernière heure venue. Un poids lourd manque de nous écraser. Il est passé à un cheveu. Il ne m'avait pas vu et ce n'est qu'au dernier moment qu'il a vaguement réagi. Quelques-uns d'entre eux ne doivent pas rouler complètement à jeun.

Enfin cette horreur prend fin. Un panneau derrière une ultime falaise nous indique un petit sentier vers Vega. Quelle course! Nous sommes anéantis et nous protesterons officiellement auprès du roi d'Espagne contre ce traitement indigne des pèlerins. Si jamais nous devions refaire cette route nous prendrions une voiture de location pour cette étape – sans être sûrs que cela nous mette vraiment à l'abri.

À bout de nerfs, nous atterrissons peu après au *refugio* de Vega. Par chance, il n'y a que quatre autres pèlerins. Vega n'est pas un endroit très recherché pour passer la nuit, ce qui m'étonne car le village est situé dans un décor de rêve.

Le *refugio* bénéficie d'une vue idyllique sur les montagnes de Galice. La propriétaire a transformé sa maison en y installant une vingtaine de lits superposés, isolés les uns des autres par des toiles. Elle-même habite dans la cuisine. Dehors, juste au bord de la terrasse, coule une petite rivière, la Valcarce. Anne et moi enfilons nos maillots, nous trempons dans l'eau fraîche, puis nous rêvassons dans la prairie qui la borde. Demain, nous atteindrons la Galice, la dernière province qu'il nous reste à parcourir. Mais le *Camino duro* porte bien son nom, on ne peut affronter pire que ce que l'on a connu aujourd'hui.

Pensée du jour : Même sur la route du pèlerinage, on peut marcher dans le couloir de la mort.

12 juillet – La Faba et O Cebreiro

Aujourd'hui, nous sommes debout très tôt, il faut quitter le refuge à huit heures et comme la route est mauvaise, nous avons hâte de la terminer au plus vite. Sheelagh serait fière de nous.

Hier, elle n'était pas au rendez-vous. Nous sommes sans nouvelles car elle n'a pas de portable, mais je sais que nous la retrouverons bientôt.

Nous prenons la direction d'O Cebreiro en Galice. Une montée exceptionnelle de onze kilomètres nous attend, la plus dure et la plus longue du *Camino*. C'est pourquoi il est expressément recommandé aux pèlerins de faire transporter leurs sacs à dos par un taxi. Faudrait-il encore en trouver un. Notre logeuse ne nous est d'aucune aide et les taxis restent invisibles. Nous voyons mal comment nous allons faire pour grimper une pente à 40 % chargés comme des ânes. Nous laissons filer la matinée et ne prenons notre petit déjeuner que vers dix heures. Non loin de nous une Espagnole est assise, maigre comme un clou. Elle semble très nerveuse et boit café sur café. Elle nous raconte qu'elle attend un taxi qui doit transporter son sac et se demande si elle peut lui faire confiance. Elle est inquiète, car le type n'arrive pas et qu'elle a déjà réglé. Normalement, elle aurait dû déposer son sac dans le bar, ce matin, à six heures, mais pour comble de malchance elle ne s'est pas réveillée. Le chauffeur a quand même accepté de passer et elle a décidé, à cause de son genou qui la fait terriblement souffrir, de partir avec le taxi.

Quelques minutes plus tard, le taxi-jeep débarque, le chauffeur est très content de prendre également nos sacs pour quelques billets supplémentaires. Et nous donc ! Je profite de l'occasion pour le questionner sur là-haut, pour les réservations. J'apprends qu'il n'y a que deux malheureuses auberges pour des centaines de pèlerins. La plupart seront contraints de faire quinze kilomètres de plus pour rejoindre Alto do Poio, encore plus en altitude. Nous lui demandons alors de réserver au plus vite, par téléphone, une chambre double avec possibilité d'un troisième lit. Il parvient à obtenir la dernière chambre double de l'un des hôtels. C'est notre jour de chance !

Nous partons soulagés, et allégés, sur un chemin labouré par des milliers de pèlerins. Les mots « exténuant » ou « pénible » sont effectivement très faibles pour décrire le parcours que nous empruntons. De plus, la chaleur est suffocante et l'air de plus en plus rare. Et le comble, c'est que nous ne savons plus marcher sans nos sacs.

Le sol glaiseux colle à nos pieds, nos souliers sont embourbés et à chaque pas il faut déployer un énorme effort pour avancer. Avec le sac, je n'y serais jamais parvenu. Même mon bâton ne me sert plus à grand-chose. À chaque embranchement, nous découvrons des pèlerins épuisés, qui se sont couchés sous des buissons à même la terre, pour attendre des temps meilleurs. Au bout de cinq kilomètres de ce *Camino duro*, nous tombons sur deux Danoises assez âgées en train de gémir sur le bord d'un fossé. Elles sont résignées et n'ont même plus la force de se relever.

Ce chemin est un vrai champ de bataille. Anne propose à la plus âgée de lui prendre son sac. Je suis abasourdi, car, même si je le voulais, je serais incapable d'offrir une aide quelconque, même la plus petite. Je ne pourrai pas faire cinq cents mètres avec un sac sans m'effondrer. Je suis déjà hors d'haleine, au bord de la crise cardiaque, et on doit entendre de très loin mes poumons qui sifflent.

La Danoise d'Aalborg s'essuie le visage de sa main glaiseuse, elle dégouline de sueur et de larmes, mais refuse obstinément l'offre incroyablement généreuse de mon amie. Elle y arrivera toute seule ou pas du tout.

Les jambes complètement moulues, nous faisons une pause à La Faba, à neuf cents mètres d'altitude environ. C'est une étape minuscule, juste avant que le *Camino duro* devienne encore un peu plus difficile. Nous en profitons pour nous gorger de boissons hyper-sucrées. Nous sommes rejoints par un groupe de jeunes Tyroliens. Ils liquident, en moins d'une minute, les dernières boissons réfrigérées du distributeur. L'un d'eux me reconnaît et hurle à toute volée. En deux temps trois mouvements, tous m'entourent et m'embrassent, enthousiastes. Quel moment de célébrité absurde ! Moi-même je ne me serais pas reconnu !

Cela me rappelle un vol de nuit, assis derrière Frank Eltsner que je connais bien mais que je n'avais pas reconnu jusqu'à ce qu'il m'adresse la parole. C'était vraiment une situation étrange car en principe le Eltsner de l'avion ressemble au Eltsner de la télévision. Mais comme je ne m'attendais pas à le voir, je ne l'avais pas reconnu.

Les jeunes gens originaires de Innsbruck sont vraiment gentils et sans chichis. Ils ont la pêche. Nous prenons des photos et je signe des autographes sur leurs sacs. Je crois que je ne pourrai plus jouer très longtemps la comédie, les Tyroliens ont déjà répondu à toutes les questions d'Anne, dans un anglais parfait. Elle me regarde avec un large sourire.

Lorsque nous reprenons notre ascension, elle part devant moi, sans un mot, comme si elle avait quelque chose à me reprocher. En tout cas, j'ai bonne conscience, je ne lui ai menti à aucun moment. Sauf par omission. Tout à coup, sans prévenir, elle s'arrête, se retourne avec les mains sur les hanches et une moue comme elle seule sait en faire. Elle veut savoir quel est mon degré de célébrité en Allemagne.

Je manque d'air et bredouille : « Oh ! Anne, laisse ça. Je ne sais pas.

– Mais ils parlent de toi comme si tu étais Lothar Matthäus. Es-tu aussi célèbre ? »

Je ne sais pas si je dois répondre. J'ai très chaud et cette discussion n'a vraiment rien à faire dans cette forêt de

Petite maison trapue de l'antique O Cebreiro – où l'on s'attend plutôt à croiser Astérix que des pèlerins.

Galice. Je ne dis rien. Je boude un peu, comme Anne le fait souvent. Mais la chercheuse est diplômée et elle ne s'arrête pas là : « Est-ce que tu connais Matthäus ? » Ma réponse jaillit : « Oui, pas très bien, mais je n'ai pas envie d'en parler aujourd'hui. »

Anne me dévisage et crie triomphalement : « Mais tu es très célèbre ! »

Puis elle se retourne et continue à marcher comme si je n'étais plus là. Plus je marche avec elle, plus j'ai confiance en elle. De toute façon, mes réponses ne servent à rien, car c'est elle qui les a fournies, aujourd'hui, en bonne chercheuse perspicace.

En arrivant à O Cebreiro, juste avant le sommet, le chemin dévoile un paysage enchanteur. À nos pieds s'étend la Galice montagneuse. Mes pieds à moi sont en bouillie, le paysage s'est transformé d'un seul coup et j'ai l'impression d'avoir parcouru mille kilomètres.

Aussi loin que porte le regard s'étale un vert typique de l'Europe du Nord. Le climat, lui aussi, a sensiblement changé. L'Atlantique est proche. La Galice est très différente de la Castille, et la température plus fraîche aide à supporter le *Camino duro*.

O Cebreiro est grandiose. On dirait le village d'Astérix et Obélix, tout est vert et le panorama renversant. Notre petite chambre dans une *palloza* – c'est le nom qu'on donne à ces maisons à calotte de chaume – est adorable. Anne et moi allons finir par regretter de ne pas pouvoir en profiter plus longtemps. Mais ce n'est pas une lune de miel, c'est un pèlerinage !

En partant à la recherche d'Assurancetourix, nous découvrons par chance Sheelagh qui recherche désespérément une chambre, encore une fois. Hier, elle n'est pas allée très loin et n'a pas pu nous rejoindre comme prévu. Elle était trop exténuée. Aujourd'hui, elle est passée par des épreuves surhumaines pour nous rattraper. La N6 et le chemin à travers la montagne avec son sac à dos. D'une seule traite. Rien à voir avec les performances d'une Anglaise geignarde et d'un Allemand grognon. Elle est à bout de nerfs. Nous évitons de lui demander : « Comment va le bébé ? », et nous l'accompagnons jusqu'à notre suite pour jeunes mariés. Elle en pleure presque de soulagement. En tout cas pour aujourd'hui, elle est hors de combat.

Anne et Sheelagh trouvent que la Galice ressemble au pays de Galles. Moi je pense plutôt à l'Irlande. À vrai dire, je n'y ai jamais mis les pieds, mais c'est l'image que j'en ai. Voilà, je suis tout à fait comme Schnabbel, désormais. Ici, les plus vieux ne veulent ni parler, ni entendre l'espagnol ; ils parlent l'antique *gallego*, ça sonne un peu portugais, un peu italien.

L'église romane abrite le trésor national de Galice, le Saint Graal d'O Cebreiro. Une légende du XIVe siècle rapporte l'histoire extraordinaire de ce sanctuaire :

Le prêtre prépare la messe de Noël lorsque une violente tempête de neige éclate. Au moment de dire la messe, il n'y a aucun paroissien. Il s'apprête alors à fermer son église quand il découvre devant le porche un paysan de la vallée qui a bravé le *Camino duro* et la nuit glaciale pour recevoir la communion. Le prêtre cherche à se débarrasser de cet idiot car il ne va quand même pas dire la messe pour une seule personne ! Mais le paysan insiste. Contraint et forcé, le prêtre s'exécute et lorsqu'il lui donne la Sainte Communion, le pain et le vin se transforment en corps et en sang du Christ. Aujourd'hui, on peut toujours admirer le calice, ce Graal magique, et la patène.

Bien entendu, Anne et moi ne pouvons nous empêcher d'observer ces précieux objets d'un œil sceptique, et Anne, habituée à douter de tout, cherche en vain derrière la vitre blindée les traces de sang dans le calice. L'église est un joyau. Une fois à l'intérieur, il est difficile d'en sortir. Anne traverse la nef et se fige longuement devant une statue de bois de la Vierge à l'enfant. Subitement, presque hystérique, elle m'appelle : « Hans, viens vite ! » Je me précipite à travers les bancs de bois. Elle me sourit et me montre l'Enfant Jésus qui fait un signe de bénédiction avec la main : « Tu as vu, l'Enfant Jésus me fait un signe ! »

La célébration internationale de clôture du pèlerinage n'est pas une messe catholique. Elle est merveilleusement décontractée et se déroule dans un climat de fête pour séduire les sceptiques endurcis comme Anne. Le jeune prêtre venu de Logos est très chaleureux. Il salue les pèlerins, leur demande leur nationalité et leur pays d'origine, et leur propose une courte prière dans leur langue. Beaucoup n'osent pas vraiment prier et la plupart baissent le nez vers leurs chaussures boueuses. Anne est en train de rêvasser quand le prêtre, en passant, la désigne pour une prière. Je la pousse légèrement et elle sursaute : « *Qué ? Soy inglesa* – Je suis anglaise. » Le prêtre réjoui lui demande de préparer une intention de prière en anglais. Mon amie se renferme et pique un fard. Elle balbutie quelque chose d'incompréhensible, se rassoit : elle n'a visiblement rien compris à ce qui se passait. Confuse, elle se tourne vers moi en quête d'explications, mais je suis secoué par un fou rire et incapable de l'aider. Sur cette Route, j'ai décidément beaucoup ri dans les églises ! C'est bon signe, l'institution n'a pas réussi à chasser ma gaieté. À la fin de la messe, les deux Danoises exténuées sont devant la porte avec leur énorme paquetage. Elles aussi, elles ont réussi.

Au dîner, à la demande de Sheelagh, je raconte enfin tout ce qu'elles veulent savoir sur mon métier. C'est une soirée délicieuse et Anne ne boit pas plus de vin qu'elle ne peut en supporter.

Pensée du jour : Il est toujours bon de savoir qui l'on est.

13 juillet – Triacastela

Une chose est sûre : si je n'avais pas rencontré mes deux fées aux cheveux rouges à León je serais sans doute rentré chez moi. J'avais le moral à zéro et la solitude me pesait terriblement. Et maintenant, Anne et moi sommes comme un vieux couple : « As-tu rendu la clef de la chambre ? N'oublie pas tes chaussettes qui sèchent dans la baignoire ! As-tu pris tes vitamines ? »

Aucune tension entre nous, car tout se déroule en douceur, sans que l'un commande ou presse l'autre. Chacun fait comme il veut. Si l'on a envie de marcher seul, cela ne provoque aucun drame. On se retrouve le soir pour dîner, un point c'est tout. Aujourd'hui, le temps est galicien : pluie, fraîcheur et gros nuages. C'est bien, je n'en pouvais plus de la chaleur. Ce matin, Sheelagh est partie à l'aube, pour nous dénicher une chambre avec trois lits.

Nous avons vingt et un kilomètres de marche jusqu'à Triacastela, dans la montagne, uniquement. Anne est d'une humeur massacrante. Elle n'a pas envie de parler mais moi, j'ai l'impression qu'elle ne supporte pas le silence, non plus. Je l'assaille de questions. Après tout, elle a passé huit mois dans un couvent bouddhiste et elle a sûrement une foule de choses intéressantes à raconter.

Après plusieurs hésitations, elle se laisse séduire par mes questions insistantes et commence à répondre de bonne grâce. Pendant près de cinq heures, elle me donne un cours passionnant sur le bouddhisme. La discussion est animée et même mes questions les plus stupides parviennent à la faire sourire. Moi aussi, j'ai beaucoup lu sur le bouddhisme, mais avec Anne, c'est autre chose. J'apprécie beaucoup sa méthode d'investigation scientifique, elle doute, elle critique puis elle analyse minutieusement. Moi, je reviens toujours à cette question, la plus cruciale : « Pourquoi le monde existe-t-il ? » Le bouddhisme n'y répond pas. D'ailleurs, les bouddhistes ne se posent même pas la question. C'est sans doute un travers typiquement allemand : plutôt que de prendre les choses comme elles sont, il faut leur trouver une raison, à tout prix.

Il n'y a certainement pas de réponse. Néanmoins, le bouddhisme tibétain correspond globalement à ma façon de penser.

On doit aussi sérieusement réfléchir à la théorie de la réincarnation. Il serait tout à fait plausible d'avoir connu un millier de vies, sans que l'on s'en souvienne. Après tout, je n'ai pas le moindre souvenir du Noël 1978, de mon treizième anniversaire ou même de ma naissance. J'imagine que, dans chaque vie, on peut paraître différent même si on reste le même, au fond de soi. À l'école, j'étais à la fois moi et, selon les cours, quelqu'un d'autre. En anglais, j'étais le meilleur, sûr de moi, enjoué, parce que je réussissais. En mathématiques, j'étais la lanterne rouge du logarithme, l'idiot qui ne comprend rien et qui recopie le numéro de téléphone de ses copains au tableau, par désespoir. Mais en géométrie, à l'étonnement de mon professeur, j'étais très différent, car c'était enfantin pour moi. En sport, j'ai été le comique de service pendant treize ans. En biologie, j'étais terrorisé par le professeur, qui surveillait sans cesse mes bavardages avec Brita et Trixi. En histoire des religions et en psychologie, j'avais toujours le doigt levé.

Combien de fois sommes-nous nous-même et quelqu'un d'autre à la fois, au cours de notre vie ? Pourquoi cela ne produirait-il pas à l'échelle de plusieurs vies ? Chaque vie pourrait fonctionner à la manière d'un parcours d'obstacles. L'âme serait un cavalier chevauchant un corps sur le parcours de la vie. On nous imposerait une dizaine d'obstacles ou d'examens que nous pourrions franchir dans n'importe quel ordre et à n'importe quel moment. Ainsi nous aurions toujours notre libre arbitre, mais les épreuves nous seraient imposées par le destin lui-même. La manière dont nous sauterions les obstacles serait ensuite évaluée par un jury céleste – mais sans tenir compte du reste, de ce que nous ferions entre les obstacles. Finalement, chaque vie se réduirait à une dizaine d'épreuves décisives à surmonter, de manière à ne pas trop rallonger les notices nécrologiques. Peu de choses sont vraiment importantes dans la vie. Si on y regarde de plus près, on a aussi très peu de vrais désirs.

Un sentier nous conduit au col de San Roque, où se trouve une célèbre statue de pèlerin. Elle est en bronze et fait trois mètres de haut. Elle représente un homme qui marche dans la tempête et sous la pluie. Nous la prenons en photo. Par beau temps, le monument semblerait ridicule, mais aujourd'hui le vent qui souffle et la pluie qui fouette les visages lui donnent une certaine vérité.

Dans un abri, à la « grande joie » d'Anne, nous tombons sur René et Jacques, les Français du « *tea and coffee* ». Ils me dévisagent jalousement des pieds à la tête, mais ne se gênent pas pour tripoter à nouveau les cheveux courts de la petite Anglaise. J'y mets rapidement un terme en écartant brutalement la main de René.

Devant ces deux goujats, la pauvre Anne est pétrifiée. Lorsqu'ils me demandent si nous sommes ensemble, j'annonce que nous nous sommes fiancés à O Cebreiro. Ils ne comprennent vraiment pas comment la femme qui hante leurs rêves de pèlerins peut sortir avec ce gros Allemand. Vexés, ils s'éloignent. Voilà une affaire réglée !

La foule des pèlerins est énorme. Il y a encore peu, juste avant la frontière de la Galice, on croisait huit à dix pèlerins par jour. Aujourd'hui, ils sont des centaines, et chaque place d'hôtel âprement disputée.

À notre arrivée sous la pluie à Triacastela, un spectacle désolant nous attend. Une file immense de pèlerins complètement trempés cherche à entrer dans le gymnase d'une école qui aurait bien besoin d'une rénovation. À travers la verrière aux vitres cassées on aperçoit des centaines de gens qui grelottent. Ils ont établi leur campement à même le plancher maculé de boue. Il n'y a pas un centimètre carré de libre pour ceux qui attendent. Anne et moi avons la sensation d'être des réfugiés. Nous quittons les lieux.

Je réalise que Triacastela est curieusement la seule ville du Chemin à posséder sa prison pour pèlerins : peut-être que certains d'entre eux, à la recherche d'un logement après l'atroce *Camino duro*, finissent par perdre la tête. Qui sait ?

Sheelagh n'est pas loin. Assise dans un café triste et inconfortable, elle nous attend. Nous n'échappons pas à son regard attentif et elle nous rejoint, toute joyeuse.

Elle a réussi à trouver une chambre à trois lits dans une jolie pension à la sortie du bourg, tandis que des centaines d'autres pèlerins, refoulés, doivent poursuivre leur route. Notre pèlerine de nuit, Sheelagh, est un don du ciel ! Sans elle, Anne et moi n'aurions même pas eu accès à la vieille salle de sport. Comme d'habitude, Sheelagh a gardé son sang-froid et flairé le bon coup.

Pensée du jour : Ce qui importe dans une vie, ce sont les épreuves décisives.

14 juillet – Triacastela

Jusqu'à présent, nous avons vraiment eu une chance insolente. Nous avons toujours trouvé une chambre à trois lits. Ce serait dur de nous endormir sans les histoires de revenants de Sheelagh. Notre maman « kiwie » est vraiment la meilleure. Avec sa voix de velours, son anglais teinté d'un léger accent néo-zélandais est facile à comprendre pour mon oreille allemande. Lorsqu'elle raconte, j'ose à peine l'interrompre. Au fond, peu m'importe ce qu'elle dit. Sa voix seule est réconfortante et évocatrice.

Sheelagh nous a confié qu'elle brigue l'un des plus hauts postes politiques de Nouvelle-Zélande. Elle est déjà membre d'un mouvement, comparable aux Verts allemands. La Nouvelle-Zélande sera, j'en suis persuadé, suspendue à ses lèvres !

Nous formons une amusante troïka. Docteur Anne, petite et robuste, tellement anglaise avec son humour insolent et ses cheveux roux ébouriffés. Sheelagh la fée, dame intelligente aux cheveux ondulés. Et moi avec ma frange, qui les dépasse toutes les deux de cinquante bons centimètres.

Ce matin, Anne est maussade, et Sheelagh, épuisée. Elles sont parties très tôt toutes les deux, pour visiter le couvent de Samos. Le temps très anglais – averses et brouillard épais – ne les a pas découragées. Samos a été fondé au ve siècle, c'est l'un des plus anciens couvents d'Occident. Il n'est pas sur le Chemin officiel, mes deux amies devront faire un grand détour. Moi je déclare forfait. J'ai une journée reposante devant moi : lessive, sieste et lecture. Sheelagh m'a passé un de ses livres, une histoire de la colonisation de la Nouvelle-Zélande. En échange, elle a emprunté ma veste de pluie.

Je ne sais pas du tout comment se passera notre séparation. Nous commençons à être très liés et cela ne sera pas facile.

Demain, je dois faire vingt et un kilomètres. Nous nous sommes donné rendez-vous à Rente, un petit village derrière le canton de Sarria.

Pensée du jour : On n'est pas obligé de faire des détours.

15 juillet – Sarria et Rente

Le chemin qui conduit de Triacastela à Rente est très romantique. Il passe par une nationale très peu fréquentée qui se faufile à travers des collines couvertes de forêts de chênes. On ne serait pas étonné d'entendre, ici, le son de la cornemuse. D'ailleurs, l'instrument national de la Galice est une sorte de pipeau de berger aux sons plaintifs.

Cela sent le fumier partout, une odeur à la fois sucrée et rance, si entêtante qu'elle me donne la nausée, surtout aujourd'hui avec ce soleil qui accélère la fermentation. Pour ne rien arranger, je me suis égaré. J'ai pris le chemin le plus long. Je n'ai pas fait attention, je devais rêvasser. Lorsque j'ai réalisé, j'étais déjà trop loin pour rebrousser chemin et avais déjà prolongé le pensum de plusieurs kilomètres. Cela m'a permis d'apercevoir Samos à proximité de la Route, ce magnifique joyau de l'art occidental. C'est très beau, mais très fatigant de faire le détour, surtout. Le temps a beau être idéal, la marche reste harassante. Je marche pourtant depuis des jours et des jours, et n'arrive toujours pas à y prendre du plaisir. Chaque matin, je dois prendre sur moi et au début de chaque étape j'ai besoin d'une bonne heure pour trouver mon rythme.

Et je n'apprécie pas beaucoup plus quand je l'ai trouvé, même si c'est moins difficile. À chaque pause, je jette mon sac par terre avec un réel soulagement.

C'est à partir de Sarria qu'il faut marcher jusqu'à Compostelle sans interruption ni détour, pour obtenir son brevet de « vrai » pèlerin. Peu importe le temps que l'on met, ce qui compte, c'est d'en faire un peu tous les jours. Je ne sais pas ce qui me rend si gai, peut-être ce défi. Je ne pense plus à rien, je n'ai aucun souci et rien ne presse.

Lorsque j'atteins Rente, un romantique petit village montagnard, Anne et Sheelagh m'attendent assises sur un mur de grosses pierres, en face d'une gare joliment restaurée. Elles ont déjà réservé notre chambre avec trois lits.

Au moment du dîner servi à la cuisine, nous décidons, à partir de demain, de parler allemand une petite heure par jour. La Néo-Zélandaise et l'Anglaise en possèdent déjà quelques rudiments. C'est à moi d'établir le thème et le moment de ces conversations.

Pensée du jour : C'est après avoir fait le vide que l'on est pleinement heureux.

16 juillet – Portomarín

Le premier cours d'allemand a lieu dans la cuisine de la ferme, au petit déjeuner. Même la paysanne est assez habile pour repérer les mots clefs comme œuf, pain, lait et jambon. Seul le vieux chien berger refuse d'obéir aux ordres que je lui donne, à la demande de sa maîtresse. Il n'a pas l'air d'apprécier la langue de sa patrie d'origine et ne cesse d'aboyer. Anne déclare malicieusement que ma langue maternelle sonne sans doute trop sévèrement, elle-même n'est pas si sûre que cela lui plaise vraiment.

À l'heure du bilan de cette première initiation, le professeur a noté que les élèves, y compris le chien, sont doués mais pourraient mieux faire. Seule la fermière s'est vraiment distinguée.

Aussitôt après le cours, Sheelagh s'occupe de la réservation de la chambre de Portomarín. Anne et moi nous n'avons plus qu'à profiter de la journée et nous nous détendons en buvant des cafés au lait. La paysanne fait la vaisselle à grand bruit et, dans son patois galicien, nous comprenons qu'elle n'a pas prévu de nous préparer un repas chaud pour midi.

Par miracle, au moment de partir, Anne, qui geint toujours, est étonnamment alerte. Ses problèmes de cheville se sont envolés et j'arrive difficilement à suivre son rythme. Il est vrai que je fais très attention à ne pas tomber car le chemin est malaisé, plein de trous et de bosses. Je la laisse donc filer comme une flèche. Je la rattraperai plus tard ; en fin d'étape, elle est toujours plus lente. Moi, j'ai envie d'une petite promenade tranquille et comme chacun fait ce qu'il veut... Alors qu'Anne allonge le pas, je traîne derrière en sifflotant une valse lente.

Je traverse des paysages magnifiques, des prairies et des forêts de chênes, tout imprégnés d'un parfum de purin. Je pense être seul. Mais au moment où je patauge prudemment dans le lit bourbeux d'une rivière, j'entends une voix de femme qui m'interpelle.

Une pèlerine à cheveux sombres, la tête couverte d'un foulard de cow-boy avec une culotte de peau mi-longue. Elle a commencé sa randonnée hier et ne cherche pas à faire connaissance. Je suis soulagé, elle n'est pas brésilienne. Rita vient d'Utrecht, en Hollande, et semble curieuse des impressions d'un pélerin « endurci » en ce qui concerne la Route. Elle a considérablement ralenti son rythme pour marcher au mien. Je lui donne bien volontiers quelques renseignements et j'ai presque envie de la présenter à mes amies, ce soir.

Tout à coup, elle s'arrête brusquement et pâlit : « Tu as entendu ? » me demande-t-elle avec un regard angoissé.

Je tends l'oreille et n'entends rien d'autre que le chant des oiseaux, mais il est vrai que l'odeur du purin est si forte qu'elle atténue tous les bruits. Un peu désemparé, je lui demande : « Qu'est-ce que je dois entendre ? » Elle tend toujours l'oreille et garde les yeux grands ouverts pour me répondre : « Les esprits ! Tu ne les entends pas ? » Mais pourquoi faut-il donc que je tombe toujours sur des fous ? Je dois les attirer, j'imagine. J'ai certainement l'air trop gentil et trop compréhensif. Sans hésiter, je prends immédiatement mes distances. Comment faire pour me débarrasser de cette pauvre folle ? Je ne vais jamais y arriver : elle a l'air de se sentir vraiment bien avec moi, en plus. Je pourrais lui dire : « Oui, j'entends les esprits, ils me disent que tu dois disparaître au plus vite. »

Mais Rita ne m'en laisse pas le temps. Elle me raconte ce qu'elle entend. En comparaison, les histoires de fantômes de Sheelagh sont pour les enfants. Elle se met à délirer et me met en garde contre les esprits déchaînés. Elle me parle des âmes maudites qui s'attaquent aux malheureux pèlerins, notamment aux types comme moi que la Route a purifiés et qui ont presque atteint leur but. Je suis la proie toute désignée de ces démons !

Moi, purifié ? Tu parles ! Je suis tout simplement un idiot. Mon instinct aurait dû me mettre en garde. Plus elle déverse ces bêtises insensées, plus elle donne l'impression d'être complètement folle. Comment pouvais-je savoir ? Elle m'avait abordé si gentiment.

J'aurais mieux fait de penser à ce que ma grand-mère me disait : « Si quelqu'un te parle de derrière, de côté ou sans te regarder, méfie-toi, cela ne présage rien de bon ! » Comme d'habitude, elle avait raison.

Mais Rita pousse le bouchon plus loin, elle prétend que ma grand-mère m'envoie ses cordiales salutations et me fait savoir qu'elle est très fière de moi. Au cas où ma grand-mère, déjà morte, voudrait me communiquer quelque chose, je pense qu'elle ne passerait pas par Rita : d'abord parce que ça me ferait une peur bleue et ensuite parce qu'elle n'a jamais pu sentir ce genre d'illuminée.

Rita ne réussit même pas à me mettre en colère, elle est beaucoup trop bête. Mais elle commence à me taper sur les nerfs alors je lui demande d'aller raconter ses inepties ailleurs – bref de déguerpir.

Elle ne s'attendait pas à une réaction aussi brutale et, sans un mot, probablement vexée, elle décampe, tout comme mon ex-fiancée brésilienne.

Décidément ! Pourvu que je rattrape bientôt Anne. Tous les autres pèlerins que je croise me semblent étranges. Ma rencontre avec une vieille Madrilène ratatinée qui essaie d'une voix criarde de me faire des avances me le confirme. Je n'ai plus envie de parler à personne, et, à elle aussi, je tourne grossièrement le dos.

Une heure plus tard, il se produit quelque chose de curieux. Au beau milieu d'une forêt de conifères rabougris, je me retrouve nez à nez avec Sheelagh. Je n'arrive pas à y croire. Elle, qui file si tôt le matin pour arriver la première au but, est là, seule et désemparée, devant un embranchement.

« Oh ! Hans. Je suis perdue », me crie-t-elle en levant les bras. Elle s'est égarée et erre, désorientée, en quête d'indications. En effet, il faut vraiment faire très attention aux flèches peintes sur les arbres, et trop souvent décolorées. On a du mal à se retrouver dans ce labyrinthe. Mais comment a-t-elle pu se tromper à ce point ? Je n'arrive pas à comprendre.

Sheelagh est vraiment heureuse de me voir, elle fond en larmes dans mes bras. Elle est à bout et elle ne peut expliquer comment elle a perdu à ce point le sens de l'orientation. Cette petite forêt est inhospitalière, on pourrait même dire inquiétante. Elle n'a pas vu Anne. Son besoin de solitude semble apaisé, au moins pour aujourd'hui. Elle s'accroche à moi et nous repartons ensemble.

Je lui raconterai ce soir au dîner ma rencontre avec la Hollandaise, plutôt qu'ici dans ce décor digne de Hansel et Gretel. Elle se remet lentement, puis délaisse mon bras pour me devancer de quelques mètres. Elle aime bien son indépendance. Tandis que nous avançons, j'entends une sirène au loin, quelque part dans la forêt, et annonce à Sheelagh : « Tu entends, une ambulance ! »

Sheelagh tend l'oreille, mais n'entend rien. Ça y est, je deviens fou, comme Rita. Pourtant, je suis vraiment sûr d'avoir entendu une sirène à deux tons. Sans un mot, nous pénétrons dans un bois encore plus sombre où on ne distingue même plus le ciel et, à nouveau, il nous faut patauger dans le lit encore humide d'une rivière.

Ce qui se passe ensuite est si rapide que je n'ai pas le temps de réagir. Sheelagh s'effondre dans un bruit sourd. Mon Dieu ! J'espère qu'elle ne s'est rien cassé. Elle est tombée la tête la première sur une grosse pierre et s'est étalée de tout son long dans la boue. L'espace d'un instant, je reste pétrifié, puis je me penche prudemment sur elle : « Sheelagh ! Qu'est-ce que tu as ? Tu es blessée ? » Elle est sous le choc et, après quelques secondes inquiétantes, elle secoue prudemment la tête. Et dire que c'est à elle, qui est toujours pleine d'attentions et qui protège toujours les autres, que cela arrive. Mécaniquement, elle essaie de se relever et refuse mon aide d'un geste maladroit. Handicapée par son sac, elle n'y parvient pas. Alors, j'interviens et la redresse d'un coup pour découvrir l'étendue de ses blessures. Son front et son nez sont tuméfiés. Elle saigne. Ses genoux et ses avant-bras sont très abîmés et saignent abondamment, eux aussi. Sheelagh est toute pâle et près de s'évanouir. Prudemment, je l'oblige à s'asseoir sur une pierre en la tenant par le bras.

C'est alors que, venue de nulle part, une Jeep stoppe devant nous et klaxonne violemment, comme sur la N6. Le conducteur n'a pas la place de passer et s'impatiente. Il klaxonne à nouveau. Mais qu'est-ce qui lui prend ? J'engueule ce type, qui reste là, bras croisés sur le volant. Il voit bien que Sheelagh a fait une chute violente mais il s'en fiche. Il ne me vient même pas à l'esprit de lui demander de l'aide, d'autant plus qu'il roule dans la direction inverse de la nôtre. C'est un cas typique de non-assistance à personne en danger. Il ne répond pas et continue à klaxonner. Finalement, je soulève la blessée pour permettre à mon «prochain» de passer. Le type débraie et démarre brusquement, en nous projetant de la boue en pleine figure, en guise de cadeau d'adieu ! À l'abri d'un arbre, je soigne superficiellement les plaies de Sheelagh. Je les nettoie avec des compresses et un spray désinfectant. Cela doit faire très mal, mais Sheelagh, avec beaucoup de sang-froid, ne pousse pas un cri. Elle se contente d'agripper mon bras et, malgré la situation, se met à rire en répétant sans cesse qu'elle n'y comprend rien, que c'est une vraie journée maudite.

Au bout de plusieurs kilomètres douloureux, nous atteignons une petite buvette, dans une clairière. Sur la terrasse, devant la maisonnette, une petite poupée, une sorcière noire chevauchant un balai, se balance dans le vent. J'installe Sheelagh sous la véranda et commande deux cafés au lait, un plat chaud et un double cognac.

La patronne, une Argentine, cache son visage dans ses mains en apercevant Sheelagh : «Mon Dieu, ça recommence ! Qu'est-ce qui se passe aujourd'hui ?» Je lui explique que mon amie est tombée mais qu'elle va mieux. L'Argentine, excitée, poursuit : «Les gens n'arrêtent pas de tomber ici. Vous savez, la vallée dont vous sortez est ensorcelée. C'est la *Valle de las Brujas*, la Vallée des Sorcières. C'est toujours la même chose : ou les gens tombent, ou ils ont des crises d'angoisse, ou ils errent pendant des heures dans la forêt.»

Sheelagh a retrouvé ses esprits et boit son cognac en souriant. Quelques kilomètres avant Portomarín, nous retrouvons Anne, sous un arbre, perdue dans ses pensées. À la vue de notre amie blessée, elle pâlit : «C'est pas vrai, Sheelagh ! Qui t'a frappée ainsi ?» On pourrait croire en effet que Sheelagh a été rouée de coups. Et ses grosses lunettes de soleil n'y changent rien. Pendant notre courte pause sous un gros chêne, nous décrivons à Anne la Vallée des Sorcières. Elle-même nous avoue qu'elle s'est sentie mal en traversant cette forêt et qu'elle a été très contente d'en ressortir.

Dans la soirée, nous arrivons à Portomarín, un endroit féerique sur les bords d'une retenue d'eau. Le village, avec son église romane, a été déplacé, il y a presque cinquante ans, au moment où on a noyé la vallée. On l'a reconstruit à l'identique au flanc de la montagne.

Le village balayé par le vent est envahi par les pèlerins. Il nous faut deux heures pour trouver notre hôtel quatre étoiles et nous installer dans notre chambre à trois lits. Cela dépasse un peu notre budget, mais nous faisons bourse commune et aujourd'hui le luxe est bienvenu. Ce soir, nous économiserons sur le dîner en ne prenant qu'un plat.

Je n'ai pas encore raconté mon histoire de fantôme hollandais quand brusquement Rita fait irruption sur la *plaza*.

«Alors, comment vont les esprits ?» lui dis-je en plaisantant. Mais elle m'interrompt brusquement pour raconter à Anne et Sheelagh les péripéties de la journée. Anne fait la moue tandis que Sheelagh fixe, fascinée, l'affreux foulard de la Hollandaise.

Après que cette folle a débité ses histoires, elle nous quitte sans même s'inquiéter des blessures de Sheelagh. Anne fait remarquer qu'on ne devrait plus me laisser marcher tout seul car j'ai de mauvaises fréquentations.

Un sympathique Irlandais, Dave, se joint à nous. Il fait la cour à Sheelagh. Anne et moi nous éclipsons discrètement car Sheelagh ne semble pas insensible à ses avances. Avec ses blessures, elle fait forte impression, il doit la croire capable de faire le coup de poing.

Dans la nuit, quand Sheelagh rentre à l'hôtel, elle nous raconte une bonne vieille histoire de fantômes avant d'éclater en sanglots. Pourtant sa soirée s'est bien passée. Mais elle n'a toujours pas digéré sa chute de l'après-midi. Elle s'interroge : le Chemin l'interpelle. Est-ce que tout cela a un sens ? Nous parlons, la conversation prend un tour passionnant. Chacun se dévoile et nous restons dans nos lits, puis sur le balcon, à discuter jusqu'à l'aurore. Au petit matin, nous nous endormons enfin, l'esprit serein. Nous avons eu un peu peur en découvrant Sheelagh aussi désemparée. Jusque-là, elle nous a toujours soutenus. Maintenant, c'est à notre tour.

Pensée du jour : Un pour tous, tous pour un.

17 juillet – Palas de Rei

Nous avons décidé de rester ensemble pour les quatre derniers jours de marche. Nous voulons veiller les uns sur les autres et vivre ensemble l'arrivée à Compostelle. Le *Camino* grouille de centaines de pèlerins. Nous sommes de plus en plus excités et faisons les imbéciles. Quand des gens nous abordent, nous nous faisons passer pour des réfugiés albanais arrivés là par hasard. Le visage tuméfié de Sheelagh rend la version tout à fait plausible. Ou j'imite un journaliste polonais et je harcèle de questions débiles les pèlerins qui nous entourent. Je les pousse à bout, certains n'en peuvent plus.

Trouver une chambre relève désormais de l'exploit. Les pèlerins de nuit ne sont pas mieux lotis que nous : eux aussi sont obligés de faire la queue. En traversant une forêt de fougères géantes, Sheelagh s'enflamme : « Regarde, Hans, c'est la Nouvelle-Zélande. » Si c'est vrai, ce doit être très beau.

Bien sûr, aujourd'hui, il y a cours d'allemand. Sheelagh et Anne sont toujours d'accord, elles veulent apprendre quelques mots, pour parler avec moi dans ma langue maternelle. La leçon porte sur les heures et les points cardinaux.

Nous n'arrêtons pas de bavarder, nous voulons profiter pleinement de ces derniers jours de vie commune. Peu de chance que nous ayons encore l'occasion de partager de si bons moments.

La marche d'aujourd'hui passe presque trop vite. Nous atteignons Palas de Rei et dénichons sans grand problème une chambre, avec une masseuse en prime – qui nous remet d'aplomb pour les derniers jours.

Comme d'habitude, mes pieds sont intacts, je n'ai pas une seule ampoule.

Pensée du jour : La parole aussi peut être d'or.

18 juillet – Castañeda

L'ambiance est toujours aussi détendue et nous n'arrêtons pas de parler. Le chemin vers Saint-Jacques est de plus en plus facile et le flot intense des pèlerins nous fait oublier la solitude et le silence des débuts. Nous voilà replongés dans la fébrilité du monde moderne ! Toutes les petites localités que nous traversons restent imprégnées de la même odeur de fumier. Je plaque mon foulard mouillé sur ma bouche, car c'est insupportable. Aujourd'hui, mes deux amies ont appris docilement les mots allemands pour purin, fumier et agriculture biologique.

Sheelagh est très expansive. N'y tenant plus elle évoque son amour platonique pour un collègue de travail avec lequel elle s'entend parfaitement. Il passe toujours ses vacances avec elle, mais ne se déclare pas. Elle ne sait pas quoi penser. Que peut-on lui conseiller ? Anne s'est renfrognée : moi, j'ai mon idée et j'explique posément à Sheelagh que son ami, d'après la description qu'elle en fait, est probablement homosexuel. L'a-t-elle déjà questionné à ce sujet ?

Sheelagh me regarde, désemparée : « Tu crois vraiment ? » Anne est d'accord avec moi et lui conseille d'en parler ouvertement avec lui.

Puis, soudain, voilà qu'en passant près d'une petite ferme à l'abandon, Anne veut l'acheter. Je l'avais dit, nous perdons la tête. La région que nous traversons lui rappelle l'Angleterre et la fermette est à vendre pour vingt mille marks. Anne en tombe amoureuse au premier coup d'œil, pourtant cette baraque ne tient pas debout. Mais elle veut à tout prix l'acquérir, il faut trouver le propriétaire. Anne ne plaisante pas et nous ne parvenons pas à la détourner de cette idée saugrenue. Elle veut se poser ici, monter une auberge et y rester pour la vie !

Je l'interpelle : « Anne, tu n'as pas envie d'acheter une maison, tu as surtout peur d'arriver à Compostelle. » Anne reste silencieuse. Sheelagh ajoute discrètement : « Tu sais, moi aussi, j' ai peur. »

Bien sûr, nous éprouvons tous les trois la peur de l'arrivée, nous nous sentons pèlerins, corps et âme, et nous aimerions que cela dure éternellement. Une fois arrivés au but, nous savons bien que le charme sera rompu. Le sens du pèlerinage, c'est la Route, justement.

Notre « investisseur immobilier du Nord de l'Angleterre » a compris, elle laisse tomber. Et c'est elle maintenant qui nous pousse : « Allons-y ! À Compostelle ! » Aucun de nous n'ose avouer devant les autres à quel point les liens que nous avons tissés sont solides et combien ce sera douloureux de les rompre. Les mouches volent autour de nous et une odeur pestilentielle nous entoure, comme un avant-goût de décomposition. Sans aucun doute, les adieux, à Compostelle, seront difficiles.

Peu avant le coucher du soleil, nous commençons à chercher une chambre. Il est trop tard, tout est complet. Nous décidons d'appeler les Bed and Breakfast locaux. Il y en a un qui semble convenir, *La Casa Millia*. Je téléphone mais, au bout de quelques phrases, je suis dépassé. La femme parle à toute allure et en galicien. La seule chose que je comprenne c'est qu'elle loue des chambres ; merci, je le savais déjà. C'est pour cela que j'appelle. Très énervé, je pousse Anne dans la cabine et lui mets le combiné entre les mains : « Tiens, prends, je ne comprends rien, essaie ! » Anne ressort de la cabine, rayonnante, avec une réservation. Mais elle n'a pas noté l'information principale – l'adresse – et nous errons pendant une bonne heure, avant de découvrir une magnifique maison bâtie à flanc de montagne. L'accueil est chaleureux, la propriétaire se tourne instinctivement vers moi. Ici, en Galice, les affaires se traitent entre hommes. Anne est tout juste tolérée comme interprète. Elle veut absolument savoir avec laquelle des deux je suis marié et comme Anne fait à nouveau la tête, je lui montre du doigt Sheelagh et son visage blessé. Cela semble la satisfaire, je donne l'impression de savoir parler aux femmes.

Elle nous loue une chambre pour un prix dérisoire puis, sans qu'on le lui demande, nous fait visiter sa maison et nous montre les deux appartements à l'étage, meublés à l'ancienne et restaurés avec goût. La décoration semble tout droit sortie d'une série américaine. Sur les planchers bien cirés, de très beaux tapis en patchwork et de grands vases remplis de fleurs fraîches complètent la mise en scène. Dans la vaste cuisine luxueusement aménagée, la propriétaire explique à mes deux amies le fonctionnement de chacun des appareils.

Après cette visite, et à notre grand étonnement, elle prend congé en nous laissant la clef de la maison. Nous comprenons alors qu'elle ne nous a pas laissé une chambre, mais toute la maison ! Chacun dispose de sa propre chambre et nous avons deux grandes salles de bain.

Après la douche, Sheelagh fait un gâteau et prépare du chocolat. Il faut que les explications de la Señora servent à quelque chose ! Je pourrais rester ici pendant des mois, l'endroit est paradisiaque. Tous les trois, nous avons toujours rêvé de posséder une telle maison. À cet instant, nous sommes comme une famille.

La vue donne sur les montagnes sauvages de Galice.

Et si nous restions ici ? Ce serait comme dans une série américaine kitsch, genre *Happy Days*, où tout est bien qui finit bien. Sheelagh trouve que cela ressemble à la Nouvelle-Zélande, encore une fois.

Tard dans la nuit, nous dégustons des gâteaux avec du chocolat chaud, nous faisons des jeux de société et, comme d'habitude, nous bavardons sans fin.

Pensée du jour : De temps en temps, on trouve le paradis sur terre.

19 juillet – Rua

Avant-dernier jour ! À peine le temps d'écrire car notre priorité est de profiter de chaque minute ensemble.

Ce matin, j'ai quitté cette maison d'un cœur plus lourd que bien d'autres maisons dans lesquelles j'avais pourtant vécu.

Sur le chemin, nous nous photographions beaucoup, comme si nous avions peur de nous oublier. Il règne une ambiance mélancolique et nous nous consolons à l'idée de rester ensemble quelques jours à Saint-Jacques.

Nous passons cet avant-dernier jour à nous laisser vivre. Même Sheelagh devient plus nonchalante. Aujourd'hui, à leur demande, je leur apprends les noms allemands des appareils ménagers.

Dans la soirée, nous atteignons Rua où nous trouvons une chambre dans une très belle ferme. Dans la salle à manger, nous dînons avec une famille de pèlerins hollandais. Ils rient

On approche de la fin.

de bon cœur et trouvent très drôle de m'entendre déclarer que ce Chemin est formidable mais que la marche, même après six cents kilomètres, m'est toujours aussi pénible. Le père de famille me demande : « Vous avez fait six cents kilomètres à pied et ça ne vous fait toujours pas plaisir ? » Je réponds : « Très sincèrement non, ce que je veux avant tout, c'est arriver à Compostelle, c'est mon seul but ! » Le Hollandais ajoute : « Je suis curieux de savoir quel accueil Saint-Jacques va vous réserver. J'ai déjà fait deux fois la route et ai retenu qu'à Compostelle chaque pèlerin reçoit l'accueil qu'il mérite. J'espère que vous serez bien reçus là-bas. »

Nous nous regardons tous les trois en silence. Comment allons-nous être reçus ? On ne va tout de même pas nous tirer dessus. J'ai déjà donné !

Pensée du jour : Il faut parfois très peu de temps pour se sentir comme chez soi.

20 juillet – Santiago de Compostela

Dernier jour !

Au moment de notre départ de Rua, j'ai pris une très belle photo avec mon appareil jetable : le *Camino* au lever du soleil. Elle peut peut-être gagner le « prix photo de la Route ». C'est le reflet parfait de mon âme. Je n'ai plus qu'à espérer que cet appareil bon marché rende bien l'atmosphère. Jusqu'à présent, une photo sur trois a été surexposée ou sous-exposée, à contre-jour, quand mon gros pouce n'a pas masqué l'essentiel.

Nous ne tenons plus en place : si seulement nous pouvions prolonger artificiellement ces derniers vingt-cinq kilomètres ! Le chemin est presque fini. C'est aujourd'hui ! Tous les trois, nous avons réussi. Mises à part mes petites tricheries du début, bien sûr.

Chaque kilomètre est solennellement marqué d'une borne. Les pèlerins affluent en masse, beaucoup chantent la célèbre chanson française des pèlerins. Enfant, Sheelagh l'a apprise à l'école :

Tous les matins, nous prenons le Chemin.
Tous les matins, nous allons plus loin.
Jour après jour, la Route nous appelle.
C'est la voix de Compostelle[1].

Comme le plus grand calme règne dans la forêt, nous chantons en canon avec d'autres groupes de pèlerins devant ou derrière nous. C'est une impression bizarre de chanter à l'unisson avec des gens qu'on ne voit pas, qu'on ne connaît pas et qu'on ne connaîtra jamais. Nous entamons un chœur fervent.

---

1. En français dans le texte.

Nous chantons encore quand nous passons près des pistes de l'aéroport international et que nous gravissons la dernière côte, le Monte do Gozo, qui domine Saint-Jacques-de-Compostelle. Majestueuse, la ville s'étale à nos pieds et brille sous le soleil. Elle est pleine de contrastes : sombre et claire, gaie et triste.

Anne est exténuée par la marche et se précipite sur un distributeur de canettes. En entrant dans la petite chapelle, elle a toujours sa bière à la main, et moi je suis presque tenté d'allumer une cigarette. Misère ! Nous sommes vraiment tombés bien bas.

Alors que nous approchons du but, je me rappelle les paroles du Hollandais : « À Compostelle, chacun reçoit l'accueil qu'il mérite. »

Peu avant l'entrée dans la ville, une jeune femme pétulante arborant une jolie tenue neuve vient à ma rencontre. Gêné par le soleil, je ne la reconnais qu'au dernier moment. C'est Lara de Vancouver ! Elle est arrivée hier et nous tombons dans les bras l'un de l'autre, en nous donnant rendez-vous pour le lendemain sur la place de la cathédrale.

D'un grand geste, elle nous indique le chemin : « La place se trouve au bout de la rue. » D'un pas décidé, nous nous pressons vers le portail.

Après avoir franchi la sombre voûte du porche des pèlerins, nous débouchons sur le parvis baigné de soleil. Notre pèlerinage est définitivement terminé. Il prend fin sur cette place, la plaza de Obradoiro. Nous disons adieu à la Route et à notre vie de pèlerin. Pour chacun d'entre nous, c'est un nouveau départ, une nouvelle vie qui commence.

Mais où sommes-nous tombés ? Est-ce là le paradis des pèlerins ?

Une immense foule attend dans une atmosphère de grande fête. Des soldats ont ceinturé la place. Les drapeaux

Arrivés !

de la Galice, de l'Espagne et de l'Europe flottent sur de nombreux mâts et transforment cet endroit en une mer d'oriflammes. Devant *Le Parador*, le meilleur hôtel de la place, on a déroulé un immense tapis rouge. Une escorte de motards accompagne une grosse voiture noire. L'hymne national espagnol retentit. Aznar en personne salue la foule en descendant de sa limousine. Chacun reçoit l'accueil qu'il mérite. Dans le genre, je crois qu'on ne peut pas mieux faire. Bien sûr, ce déploiement n'est pas pour nous mais il participe à notre euphorie. Après des semaines de silence, se retrouver là, c'est très impressionnant et très déboussolant.

Maintenant, il nous faut la preuve officielle de notre grand Voyage : notre diplôme ! Sans attendre, nous nous hâtons vers le bureau de la direction du pèlerinage, près du sanctuaire. Des centaines de gens attendent leur *Compostela*. Il faut faire la queue devant des guichets antiques. Dans cette haute salle lambrissée de bois, on se croirait dans un bureau de poste de la Renaissance.

Anne passe avant moi. Un monsieur très procédurier lui demande si elle a, à un moment donné, pris un bus, une voiture ou fait du stop. En toute bonne foi, elle répond non. Nous sommes en pleine répétition du Jugement dernier ! Puis il jette un coup d'œil sur son passeport de pèlerin : elle a tous les tampons exigés, ce qui lui permet de recevoir solennellement, accompagné de la date et de son nom en latin, un rouleau de parchemin, sa *Compostela*.

Qu'est-ce que je vais raconter, si on m'interroge ? Je ne mentirai pas : je dirai où et quand j'ai pris le bus et le train, j'ai même fait du stop.

C'est à mon tour. Une jeune femme, aux cheveux longs soigneusement tirés en arrière, examine minutieusement les tampons des derniers cent cinquante kilomètres de mon *crédencial*. Puis elle me tend, en souriant, ma *Compostela*. Voilà ce qu'il y est écrit :

CAPITULUM hujus Almae Apostolicae et Metropolitanae Ecclesiae Compostellanae sigilli Altaris Beati Jacobi Apostoli custos, ut omnibus Fidelibus et Peregrinis ex toto terrarum Orbe, devotionis affectu vel voti causa, ad limina Apostoli Nostri Hispaniarum Patroni ac Tutelaris **SANCTI JACOBI** convenientibus, authenticas visitationis litteras expediat, omnibus et singulis praesentes inspecturis, notum facit: Dnum Joannem Petrum Kerkeling hoc sacratissimum Templum pietatis causa devote visitasse. In quorum fidem praesentes litteras, sigillo ejusdem Sanctae Ecclesiae munitas, ei confero.

Datum Compostellae die 20 mensis Julii anno Dni 2001

SIGILLUM ✠ CAPITULI ✠ BEATI ✠ JACOBI ✠ COMPOSTELLAE

Secretarius Capitularis

La Compostela*, mon diplôme de pèlerin.*

Les cloches sonnent à toute volée. Trempés de sueur, nous quittons le bureau et courons à la messe. À l'entrée de la cathédrale, on embrasse le pied d'une statue de saint Jacques. Des siècles de baisers lui ont fait perdre quelques pointures. Il faudra aussi que j'embrasse mes pieds pour leur bravoure et leur héroïsme !

L'immense cathédrale est pleine à craquer, ça commence. Tandis que l'orgue joue, le grand encensoir – le *Bota Fumero* – fixé à la voûte par une longue corde est agité à travers la nef et anesthésie nos sens.

Pendant la messe solennelle, une religieuse salue les centaines d'arrivants : «... et nous souhaitons la bienvenue à une Néo-Zélandaise de Wellington, une Anglaise de Liverpool et un Allemand de Düsseldorf. Tous trois sont partis de Saint-Jean-Pied-de-Port et ont terminé aujourd'hui leur pèlerinage.»

Nous avons l'impression d'être dans l'au-delà et d'assister à notre enterrement. Nos joues sont brûlées par le soleil, nous avons abandonné nos lourds sacs à dos, nous sommes épuisés mais heureux. Puis, à la fin de la cérémonie, nous embrassons la statue en or de saint Jacques qui surplombe son tombeau, comme le veut la tradition. Sur la *plaza*, nous nous offrons une bouteille de champagne à la terrasse du meilleur hôtel de la ville, là où Aznar est descendu. Nous sommes parfaitement heureux. Tout à coup, Sheelagh sort de son sac son jeu de cartes miniature. Elle en retourne trois sur la nappe : «Souvenez-vous, je les ai gardées pour nous», dit-elle. «Je n'ai aucune idée de ce qu'elles représentent. À chacun de tirer sa carte!»

Anne tire la première, regarde et sourit. Sans dire un mot, elle enfonce la carte dans sa poche. Sheelagh tire une balance, cela tombe bien. Je prends la dernière : «Joy – Joie» Le pèlerinage de la joie!

C'est avec ce mot que se clôt mon parcours.

Anne et Sheelagh ont une faim de loup, une envie de frites. Je saute sur l'occasion pour m'éclipser. Dans une rue adjacente, j'ai aperçu une boutique de souvenirs. J'y trouve trois petits souvenirs en argent, que la vendeuse m'enveloppe dans du papier cadeau.

De retour sur la terrasse, j'offre mes deux paquets et

garde le troisième pour moi. Très excitées, Anne et Sheelagh déballent les objets : ce sont des clochettes d'argent, avec une statuette de saint Jacques en guise de manche. L'apôtre est représenté en pèlerin avec le bâton, la coquille et un large chapeau. Sheelagh et Anne sont émues. J'ajoute : « Chaque fois que l'un d'entre nous fera tinter sa clochette, les deux autres l'entendront. Nous penserons les uns aux autres et nous imaginerons à nouveau que nous sommes sur le Chemin. »

Nous essayons sur-le-champ et faisons résonner nos clochettes à l'unisson à la terrasse du café.

Arriver à Saint-Jacques, c'est comme atteindre les Portes du Ciel. À chaque pèlerin, son accueil. Sans aucun doute, le message de bienvenue ne correspond qu'à lui.

En hiver, ça doit être un enfer de parvenir, sur cette place vide, sous une tempête de neige, avec un vent qui vous siffle dans le dos. Et cette cathédrale rouge et tarabiscotée doit donner l'impression, sous la pluie et le brouillard, d'un château fantôme. Et pourtant c'est toujours le même endroit.

Mon pèlerinage est une parabole, celle de ma vie. L'accouchement a été difficile. Au début, comme un enfant, j'ai eu du mal à trouver mon rythme. Jusqu'à la moitié du parcours, les expériences se sont succédé, parfois positives, parfois négatives, dans l'errance et les erreurs. Il m'est aussi arrivé de quitter le droit chemin. Puis à mi-parcours, j'ai rencontré l'espérance, je me suis senti entraîné vers le but. Et à la fin, j'étais serein et joyeux.

Chaque journée a été un Chemin en miniature.

Le matin, je souffrais, à midi, je trouvais mon rythme et l'après-midi, bien que fatigué, je marchais pour atteindre l'étape, heureux et confiant.

C'est vraiment dommage que les rites d'initiation aient disparu de notre monde occidentalisé et déchristianisé.

Ce sont d'indispensables seuils de vie. Le Chemin est une expérience unique, il nous fait prendre du recul, nous dégage du quotidien pour nous permettre finalement de nous retrouver.

Le Chemin est dur mais miraculeux. Il est tout à la fois une invitation et un défi. Il te brise, il te vide entièrement, puis te reconstruit de fond en comble. Il aspire toute ta force et te la rend au centuple. Mais il faut le faire seul, si tu veux qu'il te révèle ses secrets.

Je pense à ceux qui n'ont pas pu marcher sur ce Chemin : qu'ils se rassurent, ce Chemin n'est qu'une possibilité parmi tant d'autres ! Le Chemin, ce n'est pas un Chemin, mais des milliers de chemins. Il ne pose qu'une question, à chacun d'entre nous : « Qui es-tu ? »

Nous restons ensemble jusque très tard dans la nuit, à faire la fête et à profiter de notre dernier repas. Alors que la nuit commence à tomber, Anne devient mélancolique. Je lui demande : « Et à toi, que t'a-t-il dit, le Chemin ? Est-ce que tu crois maintenant ? »

Elle marque une pause en souriant : « Le *Camino* m'a permis une seule chose : me faire des amis : toi et Sheelagh. Vous êtes devenus mes amis, c'est à cela que je crois et c'est pour cela que ce chemin en valait la peine. »

La semaine dédiée à l'apôtre Saint-Jacques commence, à minuit, par un feu d'artifice. Le point culminant est atteint le 25 juillet, jour de la Saint-Jacques, fête nationale de la Galice. Nous restons encore cinq jours à Compostelle. C'est beaucoup trop court : concerts, danses, dîners se succèdent. J'ai jeté mes chaussures de marche, après les avoir prises en photo. J'ai à peine marché deux heures avec de nouvelles chaussures que j'ai déjà de grosses ampoules aux talons. Mes pansements m'auront au moins servi pour le vol de retour !

25 juillet, jour du départ. Comme d'habitude, Sheelagh se lève aux aurores : elle doit prendre un avion pour Madrid. Nous ne nous sommes rien dit, nous nous sommes simplement serrés très fort.

L'après-midi, dans sa Seat de location, Anne me conduit à Vigo, à soixante kilomètres de Compostelle. C'est étrange d'être assis dans une voiture, il va nous falloir quelques jours pour nous réhabituer à la vie moderne. Nous nous offrons cinq derniers cafés au lait et évitons un départ trop théâtral. Mais au moment où Anne klaxonne une dernière fois en signe d'adieu, je me sens profondément seul, comme je ne l'ai jamais été de tout le pèlerinage, même dans les moments les plus difficiles.

Je rejoins la gare de Vigo à pied, avec mon sac et mon bâton. C'est plus fort que moi, j'ai encore besoin de faire quelques kilomètres à pied. Les habitants me dévisagent, étonnés, nous sommes déjà si loin du pèlerinage.

Je prends le train pour Porto, puis je m'envole vers l'Allemagne, le surlendemain. Dans le train, j'essaie de penser à Dieu, il faut que je tire cela au clair.

Dieu, c'est l'Être, qui s'offre sans fin, à nous. Il est venu libérer tous les hommes. Et tous ceux qui l'oppriment s'oppriment eux-mêmes.

Le créateur nous jette dans sa Création pour nous en sauver de la manière la plus surprenante ou la plus inattendue qui soit. C'est comme ces parents qui font semblant de laisser tomber leur enfant, pour le rattraper aussitôt ! Le message est le même : « N'aie pas peur de celui qui te lance en l'air. Fais-lui confiance car il t'aime, et c'est lui qui te rattrapera, alors même que tu ne t'y attends pas. »

Quand je regarde ma vie, Dieu m'a toujours rattrapé au dernier moment. Nous n'avons pas passé une journée sans nous croiser.

Épilogue

À mon retour, j'ai posé ma clochette de pèlerin sur mon bureau. Je n'y ai pas touché pendant un an. À une table ronde à la télévision, je l'ai apportée. Quand Sandra Maischberger m'a demandé de la faire tinter, c'était la première fois depuis la fin du pèlerinage.

Comme promis, j'ai pensé très fort à Sheelagh et à Anne. Après l'émission, j'ai ouvert ma boîte mail, et j'ai entendu la voix de Sheelagh et le son d'une clochette : « J'ai entendu la cloche ! »

Phœbe, la fille de Sheelagh, a rencontré un Allemand, au cours d'un voyage à Hambourg, avec lequel elle s'est installée. Tous les deux regardaient la télé, ce soir-là. Quand elle a reconnu la clochette de sa mère, elle l'a aussitôt appelée. Deux minutes plus tard, un message arrivait dans ma boîte de réception.

Quelques instants après, c'est le son de la clochette d'Anne qui a résonné : « Moi aussi, j'ai entendu la cloche ! L'Enfant Jésus t'a envoyé un message. » Sheelagh avait tiré Anne du lit. J'aurais tellement aimé voir son visage renfrogné au moment où elle a décroché !

À Angelo, l'amour de ma vie.

Table

9 juin – Saint-Jean-Pied-de-Port 9
10 juin – Roncevaux 20
11 juin – Zubiri 27
12 juin – Pampelune 32
13 juin – Pampelune 45
14 juin – Viana et Logroño 47
15 juin – Navarrete et Najera 51
17 juin – Santo Domingo de la Calzada 54
18 juin – Santo Domingo de la Calzada 63
21 juin – Castildelgado 69
22 juin – Belorado, Tosantos et Villafranca 74
24 juin – Burgos, Tadajos 80
25 juin – Hornillos del Camino et Hontanas 85
26 juin – Castrojeriz et Fromista 92
27 juin – Carrión de los Condes 99
28 juin – Calzadilla de la Cueza 108
29 juin – Sahagún 117
30 juin – León 138
1er juillet – León 153
2 juillet – Quelque part près de León 163
3 juillet – Astorga 170
4 juillet – Astorga 174
5 juillet – Rabanal 178

6 juillet – Rabanal 183
7 juillet – Foncebadón et El Acebo 189
8 juillet – El Acebo 197
9 juillet – Molinaseca, Pontferrada 201
10 juillet – Villafranca del Bierzo 209
11 juillet – Trabedelo, Vega de Valcarce 212
12 juillet – La Faba et O Cebreiro 217
13 juillet – Triacastela 224
14 juillet – Triacastela 227
15 juillet – Sarria et Rente 229
16 juillet – Portomarín 230
17 juillet – Palas de Rei 237
18 juillet – Castañeda 238
19 juillet – Rua 241
20 juillet – Santiago de Compostela 243

Épilogue 252

Cet ouvrage a été publié sous la direction éditoriale de Catherine Meyer.
La maquette a été réalisée par Daniel Collet (In Folio).
La révision a été assurée par Liliane Crapanzano.

Achevé d'imprimer par l'Imprimerie Floch
à Mayenne en février 2008.

Numéro d'impression : 70493
Dépôt légal : février 2008
Imprimé en France
ISBN : 978-2-35204-052-1